本书编委会

主　编：陈　炽

副主编：陈楚立

编　委：钟建华　陈丁王　李长洲

罗智峰　余柔婉　叶　婷

微动指尖·信生财富

WEIXIN YINGXIAO
SHIZHAN BAODIAN

微信营销实战宝典

陈 炽 陈楚立 钟建华 ◎ 著

廣東省出版集團
广东经济出版社

图书在版编目（CIP）数据

微信营销实战宝典 / 陈炽，陈楚立，钟建华著. —广州：广东经济出版社，2013.12

ISBN 978－7－5454－2844－5

Ⅰ.①微… Ⅱ.①陈…②陈…③钟… Ⅲ.①网络营销 Ⅳ.①F713.36

中国版本图书馆 CIP 数据核字（2013）第 255173 号

出版发行	广东经济出版社（广州市环市东路水荫路 11 号 11～12 楼）
经销	全国新华书店
印刷	佛山市浩文彩色印刷有限公司（南海狮山科技工业园 A 区）
开本	730 毫米×1020 毫米 1/16
印张	10.5
字数	150 000 字
版次	2013 年 12 月第 1 版
印次	2013 年 12 月第 1 次
印数	1～5 000 册
书号	ISBN 978－7－5454－2844－5
定价	38.00 元

如发现印装质量问题，影响阅读，请与承印厂联系调换。

发行部地址：广州市环市东路水荫路 11 号 11 楼

电话：（020）38306055　38306107　邮政编码：510075

邮购地址：广州市环市东路水荫路 11 号 11 楼

电话：（020）37601950　营销网址：**http：//www.gebook.com**

广东经济出版社新浪官方微博：**http：//e.weibo.com/gebook**

广东经济出版社常年法律顾问：何剑桥律师

序 一

微信营销改写商业规则

“无线网络，无限商机。”这已经不仅是移动互联网的广告词，而是实实在在的发生在我们实际生活中的事情。腾讯微信的推出，是移动互联网时代已经到来的一个标志性事件。据权威统计，微信上市仅2年多，便已拥有4亿多用户。中国目前还有2G手机用户近8亿，正处于向使用智能手机过渡的阶段，而微信的出现将加速智能手机的普及过程。微信模式风行中国已经成为定局。

我上微信纯属偶然。前不久因手机常出故障，不得不将伴随我多年的2G手机换成智能手机。所谓智能手机，实际上是一台移动电脑微缩版的多功能手机。这一换，却改变了我的生活。我装上微信后，原来在手机上的朋友号码自然就成为我的微信好友，这样一来，发短信、聊天、发图片、分享见闻及心得体会只需手指一拨，即刻实现，省时、省钱、省力。不管走到哪里，朋友距离有多远，上了微信，就如见其人。朋友聚会，在一起热议的话题就是用微信推荐找吃饭的地方，或找打折的品牌店，这一招比任何导引载体来得方便。如果一个人上街无聊，想找一个伴，通过微信找附近手机号码，就可发现是否有你的朋友在附近，又有谁离你最近。更奇妙的是，微信服务本身不收费，只收上网流量费，而你需要导购信息时，找出显示品牌广告出现的时间、位置也可能是你正需要的，而不是你不想见到的。微信提供的服务经济、实惠、方便，这还仅仅是开始，通过用户体验还将会产生更多的生活情趣和经济价值。

最近推出的微信5.0带有强大的支付功能，更加方便了消费者，这将冲破传统的商业营销模式，进一步改变人们的消费方式，使微信不仅是一个经济的通信工具，还是一个最省时、省力的结算工具。这可能将人们带入微信的消费新时代。

微信为什么会产生这样大的魅力？正当大家正在感受微信带来的新生活，猜想微信下一步将会给我们带来哪些更多的实惠时，陈炽、陈楚立等人编写的《微信营销实战宝典》一书为商家和消费者提供了新的商业机会：它向人们展示，微信不仅能提供跨越时空的互动方式，还在商家与消费者之间架设了一个新颖、便利的营销沟通平台，更好地为消费者提供服务。《微信营销实战宝典》从营销的视角将读者带入了一个微信营销的新时代——这完全不同之前以阿里巴巴为领袖的网店经营，而是一种移动形式的快捷方式，时间上比网上购物更快，服务的多样性也将更加灵活，专业性也将更加标准，安全性可通过二维码溯源机制得以保障。

本书通过浅海鱼食府微信营销的成功案例研究，深入浅出地介绍了微信营销的核心理念和方法，阐述了一种移动互联网时代的新商业模式，为传统企业的转型升级提供了新的发展空间，是一部值得推广的好书。

广东省社会科学院管理学研究员

广东省社会科学院信息中心主任

罗繁明

2013年8月于广州

序　二

互联网时代的市场营销

时代在发展，社会在前进。在网络经济时代，我国市场经济经营管理模式已发生了巨大改变，企业的市场营销手段也从传统的模式向网络营销模式发生了转变。

作为一种革命性的通信工具，微信改变了我们的观念，改变了我们的生活，而微信营销的诞生为企业带来了新的发展机遇，其营销效果令人瞩目，经济效益明显，突显商机无限。如书中的"浅海鱼"食府的范例所呈现的，经营者用微信营销取代了传统的市场营销，以高度吸引消费者关注为导向，满足顾客需求为经营核心，贯彻"引入客流，引导消费者"的微信营销运营模式，在短时间取得低成本高盈利的显著效果，充分体现了这一创新营销模式的发展前景。

在本书中，作者用朴实通俗的语言，深入浅出地把抽象的微信营销写活，详细阐述了微信营销的操作与技巧细节，是一本不错的微信营销入门学习工具书。通过本书，读者除了可以学到市场营销理论的基础，还可以从"浅海鱼"食府的成功案例上学习到微信营销的具体运作过程，在理论与操作上都能获益匪浅。

微信营销这一新颖的营销模式也为在校大学生开设了一个新的课堂。虽然目前我省的大专院校尚未开设微信营销课程，但华南理工大学创业学院以前瞻的眼光，拟在 2013 年下半年率先开办微信营销训练营，目的是让更多的大学生有机会参加微信营销的理论与实践相结合的学习培训，亲身体会其奇妙作用，领会和掌握更多的微信营销操作技巧与技能，为毕业后的创业就业打下良好的基础，而本书正是不可多得的一本好教材。

中国市场营销管理研究中心副主任
华南理工大学创业教育学院副院长
刘志超
2013 年 8 月于广州五山

目　录

CONTENTS

第一章　微信：市场营销的新利器

（一）浅海鱼食府试水微信营销 / 2

（二）移动互联网现状 / 4

（三）微信与微信营销 / 4

（四）微博与微信的区别 / 10

第二章　微信营销的商业模式

（一）何谓商业模式 / 14

（二）商业模式的重要性 / 15

（三）微信营销的商业模式 / 16

（四）微信的盈利途径 / 21

第三章　微信公众账号的基本使用

（一）微信公众平台简介 / 26
（二）微信公众平台的作用 / 26
（三）微信公众平台及公众账号的注册 / 27
（四）微信公众账号的功能 / 38
（五）微信公众账号使用注意事项 / 38
（六）二维码 / 40

第四章　微信营销能为企业做些什么

（一）微信营销是一种低成本的营销方式 / 46
（二）企业能否使用微信营销的考量 / 50
（三）微信营销能为企业做些什么 / 50
（四）企业如何做微信营销 / 54
（五）微网站、微落地（手机订货）系统开发 / 60
（六）微信营销服务提供商 / 65

第五章 微信营销的操作技巧

（一）开展微信营销前的思考 / 70
（二）如何打造微信营销团队 / 72
（三）微信营销的操作与步骤 / 79
（四）微信营销的实用技巧 / 87
（五）微信营销常用的七种推广方法 / 93
（六）微信营销的效果评估 / 95
（七）如何制定企业微信营销的绩效考核标准 / 100

第六章 微信营销在商业应用中的优势

（一）微信营销在商业应用中的五个优势 / 104
（二）微信营销有利于企业的营销分析 / 105

第七章 微信 5.0 促进微信营销的新发展

（一）微信 5.0 功能介绍 / 110
（二）微信 5.0 的八大隐性功能 / 117
（三）微信 5.0 支付方式 / 118
（四）微信公众平台订阅号主要功能和权限 / 118

（五）微信公众平台服务号主要功能和权限 / 119

（六）微信 5.0，一盘很大的棋 / 120

第八章　浅海鱼食府微信营销案例解析

（一）案例概况 / 124

（二）浅海鱼食府的整合营销方案 / 125

（三）浅海鱼食府微信营销的运作方法 / 128

（四）浅海鱼食府特色经营之主题活动 / 151

（五）浅海鱼食府微信营销的小结 / 155

第一章

微信：市场营销的新利器

（一）浅海鱼食府试水微信营销

在广州珠江新城中心地带的赛马场食街一个不显眼角落里，有一家餐饮店叫浅海鱼食府。这家餐厅是广州晓景轩餐饮管理有限公司属下经营潮汕菜系的餐饮品牌，主要开展商务宴请、家庭朋友聚餐等业务。浅海鱼食府在经营困境中利用微信的“交友”特点开展营销，创造了新的商业模式并取得良好成绩。

浅海鱼食府是晓景轩餐饮管理有限公司接手的一家濒于破产的餐饮店，2013 年 1 月开业，经营面积 2000 多平方米，有 18 间包房及大厅，共 400 多餐位。刚开始，新经营者换汤不换药，依然采用传统经营模式，结果生意入不敷出、深陷困境。后来，浅海鱼食府管理者联想到问世不久的微信——如果用微信做营销，是否能够改变命运呢？他们决定搏一搏，聘请具有微信营销专业运作经验的广州牛力文化传播有限公司策划并代运营。

浅海鱼食府微信营销精要

（1）通过各种途径对外引流，吸引大量用户关注。

①派单宣传，用二维码吸引关注。

②户外广告投放（户外、电梯广告、二维码宣传等）。

③线上炒作。

④发行电子代金券。

⑤推出电子二维码。

⑥线上抽奖活动。

⑦与美食网站合作（大众点评网等）。

⑧推出互推群。

⑨店内引流。

⑩通过微博对接，在浅海鱼食府企业微博里定期发布“关注微信”的相关活动，把关注人流量导入微信。

⑪通过微信大小号互导、查看附近的人、对外打招呼、分享好友圈等吸引关注。

⑫微信用户关键字搜索，添加关注。

（2）浅海鱼食府微信运营团队通过以下六种方式对关注用户分类，并对地域进行控制，实现精准的消息推送，保障了客户与浅海鱼食府的互动活跃性。

①微信公众平台消息推送。

②电子会员卡。

③互动。

④增加客户满意度。

⑤APP 手机应用。

⑥更好地为客户解决问题。

浅海鱼食府结合移动互联网媒体的有利条件，依靠微信营销手段的完美实施，不仅将原有老客户牢牢地掌握在手中，还吸引大量潜在客户加入，共同关注浅海鱼食府的经营，让食客更加信赖它。微信营销的效果十分显著，活跃的目标人群成为粉丝，让浅海鱼食府的微信公众平台持续释放巨大魅力。

经过半年实践，浅海鱼食府的生意变得风生水起，成功实现业绩倍增，从之前每日的营业收入 2 万多元直线上升到现在的 5 万多元，月营业额由之前的 60 多万元到目前的近 200 万元，成功实现了扭亏为盈。

挡不住的新鲜，挡不住的客流，挡不住的财源。从冷清到火暴，从亏损到盈利，浅海鱼食府经历了“冰火二重天”的际遇。“客似云来、财源滚滚”，如今已成了浅海鱼食府经营状况最恰当的写照。

（二）移动互联网现状

随着智能手机的普及以及基础电信企业话音捆绑数据流量套餐的推广，移动互联网得到了更加充分的发展。2013 年的 1 ~ 2 月份，移动互联网接入流量 17657 万 G，同比增长 53.2%，而手机上网是主要拉动因素（手机上网流量同比增长 70.5%）。工信部发布的《2013 年 2 月份通信业经济运行情况》数据显示：移动互联网用户总数达到 8.03 亿户，全国电信业务总额完成 1058.7 亿元。未来，移动上网消费将成为越来越多人群的生活消费习惯，中小企业也必将通过移动互联网获利。

腾讯作为国内电商巨头，也正是看到了移动互联网的发展趋势，因此推出微信抢占市场先机，快速引导客户关注。仅两年多的时间，微信注册用户已占目前移动互联网用户的一半，可谓一家独大。微信将与 QQ 一样，一步步占领市场并发展成为主流沟通工具，改变人们的生活方式，并对国内移动互联网产生巨大影响。

（三）微信与微信营销

1. 什么是微信

微信是即时通信服务的免费聊天软件。用户可以通过手机、电脑等快速发送语音、视频、图片和文字。微信提供公众平台、朋友圈、消息推送等功能，用户可以通过“摇一摇”、搜索号码、附近的人、扫二维码方式添加好友和关注公众平台，同时微信用户可以将看到的、感受到的精彩内容分享到微信朋友圈。

2. 什么是微信营销

微信营销是网络经济时代企业对营销模式的创新，是伴随着微信的火热产生的一种网络营销方式。微信不存在距离的限制，用户注册微信后，可与周围已注册的“朋友”形成一种联系。用户可以按需要订阅信息或订购产品，商家通过“点对点”及“点对面”服务的营销方式，向用户提供所需信息或产品，以满足顾客的需要。

图 1－1

微信诞生于 2011 年 1 月，上线只有短短 2 年多时间，用户量已经超过4亿。这种功能强大的新产品给人们带来了全新的科技体验：在日常生活中，微信不仅可以聊天，还可以查询信用卡账单、订酒店，所有APP的功能几乎都可以在微信公众平台上以很低的成本实现，是一种便捷、低成本的交际沟通工具；在商业中，它是一种成本低廉、功能强大的营销工具，在产品推广、品牌塑造、促进消费等方面有着重要作用。有关专家认为，微信将是移动互联网时代的一场革命。

3. 将微信营销用于市场推广

微信营销的出现迅速掀起了一场革命，它的营销理念和方法将与现存的所有营销形式都不相同。微信营销把通信、社交、平台三者合为一体，串起来形成微信特色。

微信营销是属于网络营销的繁衍物，随着“微时代”的到来，微博、微信、微电影逐渐被更多人接受和认可，成为人们日常生活中不可缺少的一部分。将微信手机客户端转移到电脑上，足不出户就能够锁定潜在客户人群，然后利用微信及时发送文字、图片、音频甚至是视频，将产品信息及时地对外推介，对潜在客户群进行企业宣传或者相关优惠活动推广等。微信营销势必让当今的人们对市场营销有了全新的理解，它将开辟一个新的市场营销时代。

图1－2

2011 年 1 月 21 日至 2013 年 1 月 15 日，微信注册用户量如下图所示：

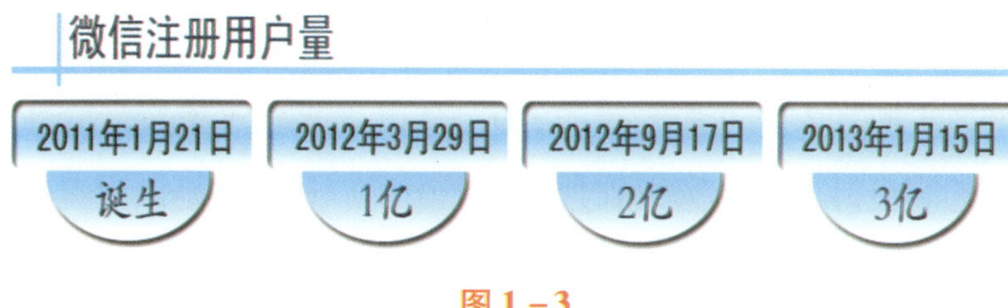

图 1－3

据腾讯内部预测，2015 年微信用户将达 8 亿，微信将会成为互联网营销领域的一把利剑，它将开辟一个新的市场营销时代，给互联网营销领域带来重大的突破，给各行各业带来本质上的改变。微信已成为移动互联网的一个主要工具和入口，它可以提供从线上到线下的一整套服务，而且很有可能成为跨平台的移动互联网超级系统，演变成为与苹果 AppleStore、GooglePlay 商店相对等的平台。

图 1－4

4. 微信营销的核心

微信营销现阶段的主要目的是招揽用户，其核心是让粉丝产生信赖并使粉丝群体不断壮大。就如当时的QQ，从诞生起就迅速发展膨胀，当其拥有庞大的客户群体时，实现盈利就并不困难。目前腾讯尚未考虑微信盈利的方式，而是不断地进行功能创新，让用户对微信保持高度黏性。

成功的微信营销能满足市场需求，使顾客满意，正确处理好供求关系，让企业得到可持续发展，从而为企业带来良好的经济效益。微信一对一和一对多的交流方式具有良好的互动性，精准推送信息的同时更能形成一种朋友关系。

基于微信的多种优势，借助微信平台开展客户服务也成为继微博之后的又一新兴营销方法。

图1－5

5. 微信营销的作用

一种新媒介的出现，会给企业带来营销方式的转变，微信也不例外。微信已经拥有了超过4亿的用户，而且专为企业提供了公众平台和技术开发平台，企业可以在微信上完成从市场调研到客户管理、客户服务、预订销售、结算支付、老客户维护、新客户挖掘等所有的工作。微信能建立一个庞大的朋友圈，在这个圈子里基本上都是一些志向相同，有着共同兴趣爱好的人。朋友圈对微信营销的影响非常明显，朋友圈里分享的信息往往能得到共鸣，推介的产品或品牌容易在朋友圈中达成共识、得到认可，从而使消费者购买动机转化为购买行为。

6. 微信营销的优势

①重新定义了品牌与用户之间的交流方式。微信可以提供点对点及点对面的服务，当品牌产品得到更广泛的关注和分享，便可以进行几乎为100%到达率的对话。

②维系客户的能力强。通过 LBS、文字图片、语音功能、实时对话、视频等一系列多媒体功能的运用，使用户更便捷、更全面地获得相关信息。

③覆盖了更广泛的移动人群。微信的朋友圈主要通过手机通信录来识别和创建。手机移动用户的增长趋势大于 PC 用户的增长趋势，微信的信息传播和交流也更方便，覆盖面更广。

图 1－6

7. 微信营销的特点

①覆盖面广：微信营销覆盖面广，用户活跃度高，可推送到达率达到100%。

②认可度高：微信用户间的关注是较为主动的，需要双方相互关注后才能形成“朋友圈”关系，更容易达成共识。

③运作灵活：微信公众账号可以一对一和一对多的形式准确给好友推送信息，操作方式灵活，可即时为用户提供咨询服务，更容易得到客户反馈。

④准确度高：每位客户兴趣爱好各异，但只要投其所好，潜移默化地建立客户黏性和忠诚度，便可将相关营销信息精准地推送到用户手中。通过粉丝数量庞大且用户群体高度集中的微信账号，可以准确定位目标客户需求并进行营销。

⑤便捷性强：携带方便、操作简单，用户只要有带网络通信的智能手机，便可随时随地获取相关信息。

⑥盈利性好：除成本低、效率高之外，微信营销还可通过前向收费和后向收费的方式为企业赢取利润。

（四）微博与微信的区别

微博方兴未艾，微信异军突起。微博诞生于2007年，在新浪网的推动下得以在中国流行。随后搜狐、网易、腾讯等也推出了微博，它们都毫不例外地带着鲜明的媒体特征，给网友留下了一种“看新闻就上微博”的印象。然而，微信却是作为一款即时聊天工具问世的。微信在不断升级

的过程中，逐步将发送文字、语音、视频、图像等功能集合在一起，不断强化了它的沟通交流功能。所以，两者的侧重点不同：微博侧重于对大量信息的传播，微信则更侧重于社交。

微信和微博的功能定位不同，营销效果也就不一样。

1. 微博侧重于媒体广告，微信实现真正的营销沟通

当微博面世时，人们惊叹市场营销进入了社会化时代，品牌传播推广的方式不再是传统媒体时代的单向线性方式了，而变成了一个多向性的过程。

所谓的微博营销，其实在思路上还是传统媒体时代的老一套，唯一不同的地方是，以前只要搞定几家媒体就可以做相应的媒介投放，而微博则需要搞定许多个微博大号。

微信不能像微博那样转发，就目前而言，它被设计为一款纯粹的沟通工具，微信上与朋友的对话内容是不能转发的，商家和用户之间的对话具有私密性，对话的隐私性更高。

2. 微博的信息曝光率较低，微信的信息曝光率几乎是 100%

传统的微博运营者经常会提到“我们的粉丝有多少，每天的转发有多少，粉丝评论有多少”，事实上，通过个人的观察总结及有关参考数据，可以判定官方微博的曝光率是较低的。很多时候，就算你成为某个品牌的粉丝，你也很少能够收到来自这个品牌的信息。

但微信则完全不同。最近两周我们关注了许多微信官方账号，其中浅海鱼食府是餐饮行业里运用微信相对较成熟的一家餐厅，其微信公众平台每天都会精确地推送信息，而且实用性还可以，周一有天气周报，周二有养生信息，周三有最新活动推荐，这些信息均能精准发到指定用户手上，且到达率几乎是 100%，远远高于微博。

3. 微博有点“扰民”，微信没有这个弊端

在邮件营销领域有一个专业术语叫“许可式邮件”，就是说经过用户许可或者默认的邮件才不会被认为是垃圾邮件，这是目前较为被推崇的一种发送方式，因为这种方式包含着对用户的尊重。

在微博营销的模式当中，可以说也包含有“许可式”的模式——你关注某个品牌的官方微博，然后自愿收到来自它的信息。但是在更多时候，微博经营者的思路更多是传统广告式的，如：“关注@微博，转发并@个好友，您就有机会获得。”这段话的背后，隐藏着的是传统媒体广告的曝光逻辑，是单项的入侵式营销。当你被“@”或者在别人的微博看到这样的入侵式消息的时候，你其实是被迫的。

然而微信营销可以说是完全“许可式”的。如果你不主动扫描某品牌二维码或者通过输入账号的方式添加微信，你绝不可能收到来自这个品牌的微信消息。虽然这可能会令你的粉丝数量少于微博，但是这些粉丝的质量却是远远高于微博的，因为那意味着他们愿意收到来自于你的“广告”，逐渐对你产生了依赖性，而这些人才是你最忠诚的客户！只要微信的发送频率适当，发送的内容符合客户需求，一般来说客户还是有兴趣的。

4. 微博是媒体，微信是 CRM 管理工具

从本质上来说，微博的媒体属性还是大于社会化属性，传播模式更接近于带有互动的单向传播，而微信则是一种较为强大的 CRM 管理工具。以前的 CRM 管理工具以 e - mail、短信、电话系统为主，而现在则增加了微信。从某种意义上来说，微信已经覆盖了前三种工具的功能。

微信的富媒体属性可以让它变身成为 e - mail、短信、电话系统的任何一种形态。你可以发一条纯文字信息给用户，也可以发一篇带有照片和链接的文章给用户，当然你也可以直接发语音和视频，所有都取决于你的需要。除了“发送”以外，你还可以随时得到用户的反馈。

第二章

微信营销的商业模式

（一）何谓商业模式

商业模式是指一个完整的产品、服务和信息流体系，包括每一个参与者和其在其中起到的作用，以及每一个参与者的潜在利益和相应的收益来源和方式。

简单地说，商业模式就是指企业或公司用来运作获取盈利的方式。比如，餐饮公司通过经营餐饮来盈利，快递公司通过送快递来盈利，网络公司通过点击率来盈利，通信公司通过收话费盈利，超市通过平台和仓储来盈利，等等。只要有盈利的地方，就有商业模式存在。商业模式是企业赖以生存及开展业务活动的方式，它决定了企业在价值链中的位置。在分析商业模式的过程中，需要着重关注企业在市场中与客户、供应商及其他方面的合作关系，特别是相互间的物流、信息流和资金流的关系与作用。

浅海鱼食府曾经定位为主营潮汕菜与淮扬菜的餐饮服务机构，主要服务于高端的商务宴请、亲友聚会。为了使客户吃到原汁原味的地方菜系，浅海鱼食府组建了一个经营团队和两组厨师，所有货源供应均从原材料产地采购，也就是说，潮汕菜食材从潮汕当地货运而来，淮扬菜食材从江苏当地空运而来，然后结合客户需要，由两组厨师分别制作来满足客户需求。

通过分析发现，两个菜系的经营模式具有较高的风险性：第一，本身定位、卖点不清晰，容易给客户带来理解混淆；第二，由于客户需求差异大，两组厨师队伍容易造成人力资源浪费，且原材料采购方面也较难把控，因此成本较大；第三，出品质量难以达成统一，客户满意度较低。这种经营模式导致在没有市场保证的前提下占用了大量资金，风险非常大，经营了几个月，浅海鱼食府的业绩并无提升。

随后经营者作出了调整，主营潮汕菜系，主打潮汕浅海鱼食府“鲜”的特色，卖点突出，定位清晰，经营管理一体化，采购货源的成本降低，且客户用餐菜品质量达到了统一标准化，客户满意度高，在降低成本、支出的同时大大增加了浅海鱼食府的营业收入。这个商业模式的成功在于：精准细分市场，明确卖点，提高了客户满意度，把经营风险降到了最低。

商业模式的重新设计能非常精确地体现出利益相关者的交易结构，谁承担经营风险，谁获取什么收益，谁做什么事情，都有很明确的分工和目标。

（二）商业模式的重要性

众所周知，腾讯公司在建立之初只有七台电脑和一台电话，当时想以人民币 60 万元的价格将 QQ 卖给搜狐、新浪、润迅等几家企业，但这些公司均认为价格太高，所以交易没有成功。那个时候，腾讯不知道自己的盈利点到底在哪里，而 2013 年上半年腾讯公司的收入为人民币 279. 321 亿元（约合 45. 207 亿美元）。国外媒体对腾讯的评价是：“腾讯公司开创了一种全新的商业模式。”

事实上，腾讯开创的不仅是一个商业模式，还是中国网民的一种网上生存方式。腾讯 QQ 业务在不断延伸的过程中，逐渐覆盖了国内 90% 以上的网络社区，同时也深刻地影响了中国网民的成长——亲朋好友透过 QQ 群聊家常，政府官员用 QQ 与网友聊天收集民意、了解民情……

归纳起来，腾讯的成功在于商业模式的发展创新和设计。

商业模式在目前的市场竞争中已经越来越重要，依靠引入新的商业模式来保持持续的变革和创新能力，对于企业在快速变化的商业环境中生存与发展是极其重要的。在金融危机的大背景下，创新商业模式已经成为企业发展之必需。

（三）微信营销的商业模式

1. 让更多的人看到商业广告

微信具有富媒体特性，它兼容 e－mail、短信、电话系统的特点和功能。简单来说，可以发一条纯文字信息给用户，也可以发一篇带有照片和链接的文章给用户，当然也可以直接发语音和视频，所有都取决于微信用户的需要。除了信息发送以外，还可以随时得到客户的反馈。

图 2－1

浅海鱼食府利用“新菜推荐”，将有关菜品图片及介绍一对一精准发送至客户手机上，可直接作为产品展示并开展相关营销服务，轻松达到低成本运营、高效率执行的效果。

2. 消费者与商家零距离

商家可以把生成的二维码设置在营业场所的海报、水牌、桌贴、DM单上，也可设置在户外广告、公交地铁等载体上，以独特的方式促使消费者打开微信并扫描二维码，建立客户关系，快速读取商家的有关优惠信息，享受商家提供的个性化服务，建立用户与商家最直接的联系通道。

浅海鱼食府在户外电梯广告及宣传DM单上载入公众平台二维码，吸引客户关注，最终实现对消费者的零距离服务。

图2-2

图2-3

3. 采用多元化、直观方式吸引关注

企业借助微信营销可以迅速吸引关注，积累庞大的用户量，为商家与用户高效对话打开沟通的窗口。商家可以采用丰富的表现形式直接向用户一对一、一对多地发送信息。方式如下：

①文本消息（通过纯文本段、句，将提炼的内容发送给用户）。

②图文消息（通过图文形式展示产品，更直观、形象）。

③语音消息（通过语音表达，更灵活方便、快速高效）。

④视频消息（通过视频的方式拉近距离，实现“面对面”交流）。

将商家的最新活动、促销信息等传递给用户，通过游戏、抽奖、问答等富媒体方式互动，增进用户的互动黏性和依赖度。

浅海鱼食府通过免会员茶位费、送特色美味小吃或者最新活动的推送，促进与客户的互动交流，增加客户的黏性和关注度。

图 2-4

图 2-5

4. 充分发挥微信的一对多效应

通过微信开发的高效客服系统，允许客服人员与多位用户同时进行一对一、一对多对话，节省通话及短信费用；快速、全面应答会员的咨询服务等相关问题，提高会员满意度。

浅海鱼食府客服人员利用公众账号管理后台，实时了解客户需求，同时对多位客户给予相关的人工咨询服务，沟通灵活，快捷方便。

图 2－6

5. 发挥推广微信的免费午餐效应

目前微信正处于免收费状态，我们要抓住这次机会，把握好这次的免费午餐，把利益做到最大化。我们应充分利用这个天赐良机，让更多的人使用微信，让更多的企业进行微信营销，让用户得到更多实惠，让企业也从中获利。

图 2－7

6. 选择微信合作伙伴

2013 年 1 月 15 日，腾讯官方公布的数据显示，微信的用户量突破 3 亿。从 2011 年 1 月推出至今，短短两年时间，微信已经吸引了近一半的国内移动互联网用户。商家运用新媒体做营销，最重要的是要与粉丝有效互动，聆听用户的声音，更要及时反馈，否则用户会认为在跟冷冰冰的机器沟通。微信正不断丰富着产品的功能，而如何借助微信做品牌传播、客户服务与销售推广，引起更多的客户关注，是大部分企业需要考虑的问题。

图 2－8

（四）微信的盈利途径

微信基于它本身所特有的功能，逐渐被赋予商业性质，这决定了它现在甚至未来的盈利模式会出现多样化，归纳起来，主要体现在以下几种途径：

途径一：开放应用平台（以公众账号为通行证的开放应用平台）。

成为公众账号的粉丝后，用户能阅读多媒体内容，查询各种信息，购买感兴趣的商品，参与数字娱乐和体验便捷的本地化服务等，项目之多，品类之广可以无限想象。受制于类似团购、淘宝、百度等一家独大的创业者，可以思考参与微信生态链的建设并从中受益。

途径二：提供个性化产品增值服务。

插件是微信的特色功能之一，通过安装不同的插件可以给微信添加各种丰富的附加功能，在使企业可以打造个性化微信的同时也衍生了一些新的商业思考。

个性化产品植入参考建议：数据分析、搞笑表情、微信皮肤、动态头像、魔音、视频编辑等。通过安装各式插件，我们可以增加互动聊天、搜寻朋友、新闻阅读、社交娱乐等诸多附加功能，让微信聊天更活泼，更具娱乐性和趣味性，吸引用户体验。同时，这些植入产品都可以对用户适当地收取费用而盈利。

途径三：APP 应用功能收费。

微信上每个公众账号都可以当做一个独立轻型的 APP。微信可以根据需求开发接入各种应用，但又没有下载系统限制及单独下载 APP 的繁琐。

例如，关注某些公众账号，便可尊享天气预报、路况实播、时事新闻、违章查询、快递追踪以及酒店预订等几乎所有生活应用服务，这些应用同时又能很好地实现与用户的互动、与 CRM 管理系统的对接。随着 APP 以及 HTML5 的火热开发，势必会出现功能性的收费应用，特别是游戏应用。用户对于微信的认可度越来越高，微信已逐渐融入到人们的日常生活中，甚至可能超越 QQ 并改变人们的生活方式。由此可见，微信应用的创新开发是市场需求的必然结果。

途径四：数据开放平台。

由于越来越多产品的同质化和满足用户不同需求之间矛盾的存在，微信将推出数据开放平台。所谓数据开放平台，是指把数据、数据关系和数据运算等，在确保安全、稳定，快速的前提下，提供给创业者，并从中收取费用。

途径五：微信开放接口代开发或行业解决方案。

微信公众平台可以让用户自主接入端口实现自定义的功能，因此许多电商服务机构及软件开发公司瞄准企业发展的个性化需求，为企业提供量身定制的微信营销解决方案并做代运营的服务，通过微信开放接口植入第三方系统。这样的好处在于开发周期短且成本低，功能覆盖全面，用户使用后反应好，可以不断满足客户的需求，保持高效互动性及客户黏性，是当前许多企业追捧的营销手段。

途径六：移动电商平台。

微信除了 O2O 业务以外，在传统电商上也力图有所发展。一些传统的电商企业将利用微信进行 CRM 管理，进一步实现订、供货系统管理，甚至在不久之后会有企业利用微信平台直接在微信上开店营业，达到“本小利大”的效果。

途径七：品牌商家账号代运营及营销解决方案。

目前，微信公众平台已有许多吸引了大量粉丝的公众账号，其粉丝主要是从其他大流量平台上的用户引入转化而来的。这些账号的推广力度非常大，而且由于以往在其他平台运营中积累了诸多经验和客户，因此，转换到微信上依然可以爆发新的增长点。这些公众账号可以通过对品牌商家账号提供代运营服务及帮助其解决营销问题，获取报酬。

通过以上七种微信应用途径介绍，可以看出通过微信进行营销成为了目前或未来发展的盈利模式趋势。微信用户目前仍享受“免费午餐”的优惠政策，从当前的发展趋势来看，其在短时间内不可能向用户直接收取服务费，而可能是采用盈利方式，如广告或者其他付费服务。微信市场的兴起使第三方公众账号管理平台的增值服务提供商数量突飞猛进地增长，越来越多人意识到了微信的商业价值，传统的电商正逐渐把他们的发展战略向微信上转变，这意味着微信拥有更为广阔的商业价值及发展空间。

浅海鱼食府开业之初（2013 年 1 月开业），以传统的市场营销方式经营餐饮，成本高，营业额低，连续几个月都入不敷出，亏损严重。其日经营成本为 3 万元，但当时日营业收入最多只有 2 万余元，月收入最多不过 90 万元。

从五月份起，浅海鱼食府采用微信营销运作模式，取得了立竿见影的效果，当月营业收入 90 多万元，不仅达到盈亏平衡还略有盈余，六月份营业收入大幅上升至 140 多万元，七月份 170 多万元，八月份持续上升可望突破 180 万元。同时，浅海鱼食府加强内部管理，利用微信营销增收节支，提高市场竞争力，营业收入每月增幅 20% 以上，利润率每月增幅 15% 以上，从而实现了一个“转变”（传统营销转变为微信营销模式）、二个“引入”（引入客流，引入消费），三个“提高”（提高工作效率、

提高客户关注度，提高经济效益）。

微信营销能使企业在营销活动中通过创新获取利润，此外，利用微信营销可大大降低商业运作成本，这将是企业盈利的前提。成本的降低意味着利润的增加，经营风险降低，因此，通过发掘微信当前“免费午餐”效应，可以使企业在商业经营过程中获取更多的利润。

第三章
微信公众账号的基本使用

（一）微信公众平台简介

微信公众平台（也就是微信公共平台）是在微信平台基础上新开放的功能模块，通过这一平台，每个企业或个人都可以用 QQ、邮箱或手机打造自己的微信公众号，并在微信平台上实现和特定用户群体的文字、图片、语音的多方位沟通互动。随着微信平台的不断创新及用户量的不断膨胀，我们看到了微信对未来移动互联网的重要影响，同时，它也将影响并改变人们日常的生活方式。与新浪微博早期从“明星战略”着手不同，微信从一上线已经有了上亿的用户，挖掘自己用户的价值，为公众平台增加更优质的内容，创造更好的黏性，形成一个不一样的生态循环，是平台发展初期更重要的方向。目前微信公众平台支持 PC，并可以绑定个人账号进行群发信息。

（二）微信公众平台的作用

微信公众平台提供了一个真正意义上基于移动互联网的生态平台。在信息化时代，人们更喜欢双向的沟通交流方式。在微信公众平台，任何人都可以发布信息，可以有自己的朋友圈。这个平台可以实现点对点、点对面的沟通和交流，实现服务的产品化，形成一个移动领域的生态系统，甚至会形成一个强大的 CRM 系统。

（三）微信公众平台及公众账号的注册

1. 什么是微信公众平台

微信公众平台是微信新开放的功能模块，通过这一平台，个人和企业都可以打造一个微信公众号，并实现与特定用户群体在文字、图片、语音、视频上全方位的沟通互动。

2. 公众账号的注册/登录方法

用电脑直接登录微信官网，进入微信公众平台，在导航栏点击“公众平台”链接，也可百度搜索“微信公众平台”找到地址。

图 3－1

微信公众平台账号和个人微信账号不同，企业或个人有公众平台账号的可以进入公众平台官网直接登录，没有的则需点击右上角的“立即注册”按钮进行申请。

图 3－2

注册需提供邮箱账号，填写邮箱之后，后台会发出提醒邮件到收件箱，然后打开收件箱，点击激活账号的链接。

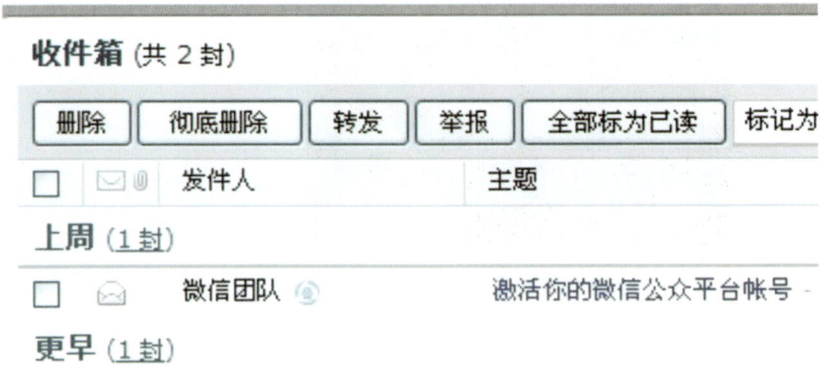

图 3－3

如果是注册企业的公众平台，需点击“企业”选项卡，提供企业营业执照电子版、法人代表身份证及本人手持身份证照片；注册个人公众平台的，则无须营业执照的认证，但需要手持身份证拍照。

类型 政府 媒体 企业 其他组织

企业包括：企业，分支机构，企业相关品牌，产品与服务，以及招聘，客服等类型的公众帐号。

企业名称 广州牛力文化传播有限公司

企业邮箱 2622685588@qq.com

企业地址 广州市天河区珠江新城金穗路22号丽晶华庭银莱阁1107室

邮编 510000

营业执照注册号

● 请输入正确的营业执照注册号

营业执照住所地 广东 广州

成立日期 2010-04-02

图 3－4

注册申请通过后，就可以登陆公众平台。进入后可以先把微信二维码保存起来，以方便别人关注公众账号。二维码在“设置”里，点击“设置”之后，在最下面就可看到微信二维码。

图 3 – 5

图 3 – 6

注册与登陆方法总结如下：

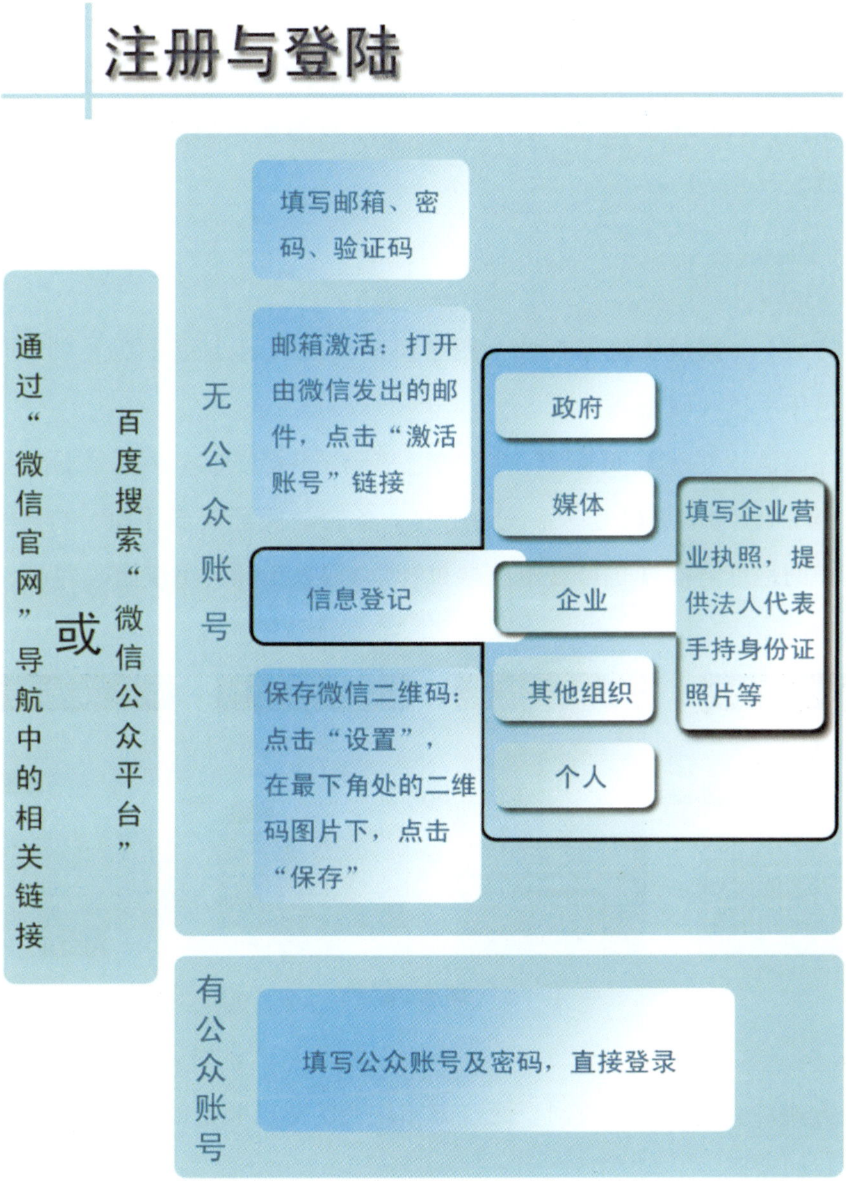

图 3－7

3. 密码设置

通过 QQ 号或者邮箱账号可以直接登陆微信。第一次登陆时，微信会要求设置微信号和昵称。微信号是用户在微信中的唯一识别号，必须大于或等于六位数，注册成功后允许修改一次。昵称是微信号的别名，允许多次更改。

4. 密码找回

方式一：通过手机号找回。用手机注册的或已绑定手机号的微信账号，可用手机找回密码。

在微信软件登陆页面点击“忘记密码”→“通过手机号验证码登陆”，输入注册的手机号，系统会下发一条短信验证码至手机，打开手机短信中的地址链接（也可在电脑端打开），输入验证码重设密码即可。

图 3-8

方式二：通过邮箱找回。通过邮箱注册的并已验证的微信账号，可用邮箱找回密码。

在微信软件登录页面点击“忘记密码”→“通过 e-mail 找回密码”，填写绑定的邮箱地址，系统会下发重设密码邮件至注册邮箱，点击邮件的网页链接地址，根据提示重设密码即可。

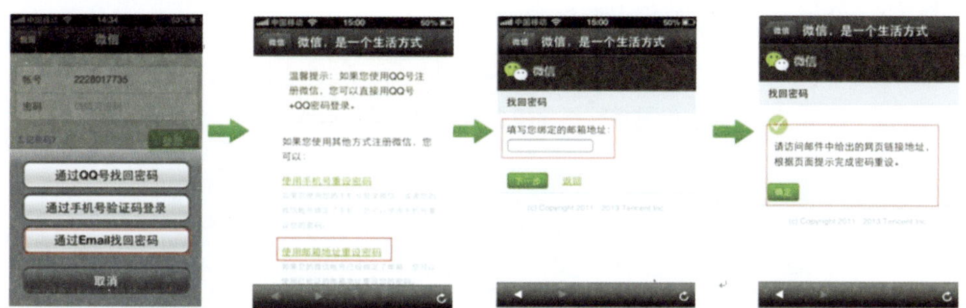

图 3－9

方式三：通过注册 QQ 号找回。

用 QQ 号注册的微信，微信密码与 QQ 密码是相同的。在微信软件登录页面点击“忘记密码”→通过 QQ 号找回密码→根据提示找回密码即可，也可点击进入“QQ 安全中心”找回 QQ 密码。

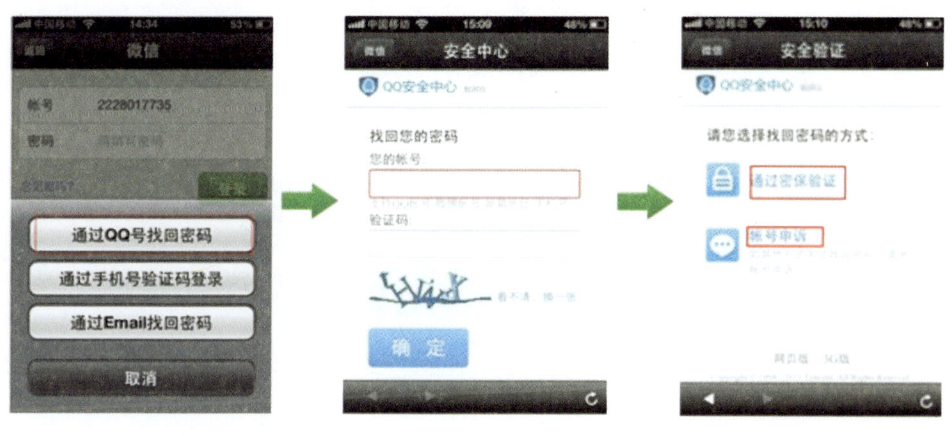

图 3－10

密码找回方式总结如下：

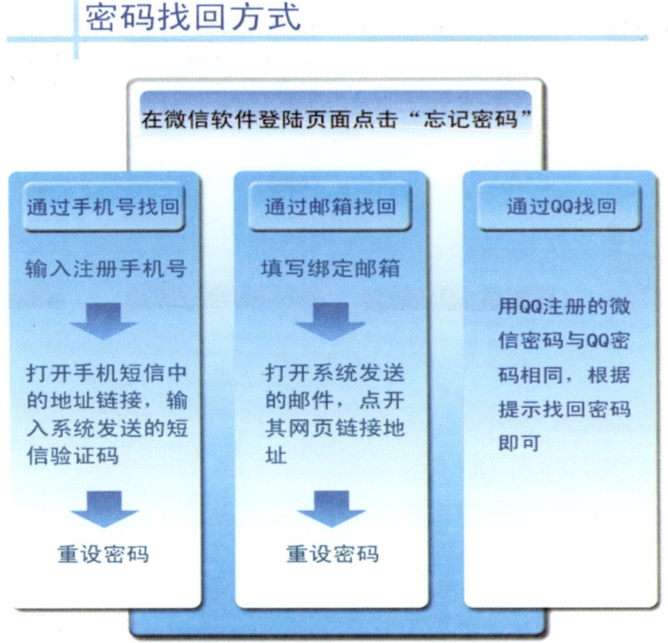

图 3－11

5. 如何从二维码找好友

（1）操作方式

有了微信二维码就可以扫描微信账户，添加好友。将二维码图案置于取景框内，微信会找到好友的二维码。具体方法如下：

方法一：登陆微信→“朋友们”→“添加朋友”→“扫一扫”。

图 3－12

方法二：登录微信后选择“微信”→点击右上角魔棒图标→“扫一扫”。

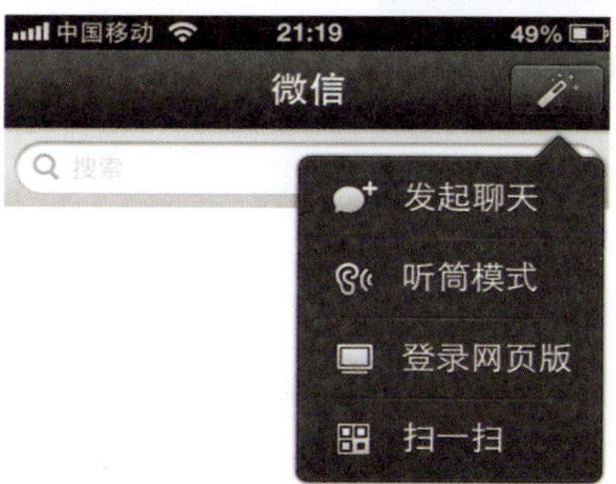

图 3－13

点击“扫一扫”之后，用摄像头对准微信二维码，等待 2～3 秒，提示“已扫描，正在加载名片”后，就会出现扫描出来的用户了，确认后就可加对方为好友。

图 3－14

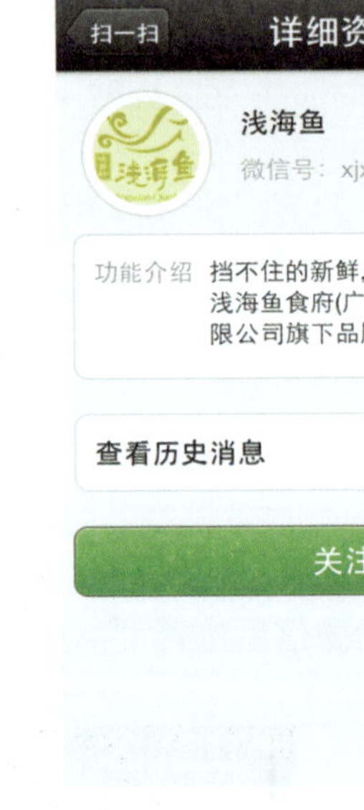

图 3－15

（2）微信二维码登陆

微信推出 Web 版本后，在 Web 版本中，可不再使用传统的用户名和密码登陆，而是更简便地使用手机扫描二维码的登陆方式。

6. 企业邮箱绑定

绑定方法：企业用户登录邮箱后，选择“设置”→“提醒服务”→“微信提醒”→点击“绑定微信”。

页面会显示一个二维码，此时打开微信，使用“扫一扫”功能扫描二维码。

扫描成功后，微信会提示“确认绑定企业邮箱?”，点击“确认”完成绑定。

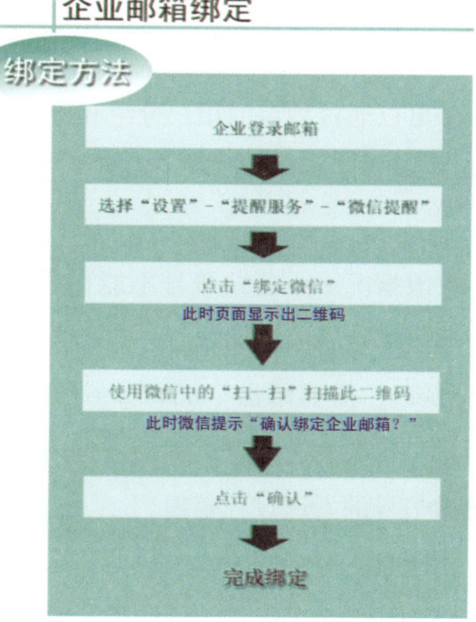

图 3－16

7. 点亮图标

新版的 QQ 客户端增加了微信图标，有此“ ”图标的表示是正在使用微信或是曾使用过微信的用户。

登录微信手机客户端，使用微信向微信团队发送“KTZX”即可显示微信在线并点亮微信图标。

（四）微信公众账号的功能

①微信公众账号可以通过后台的用户分组和地域控制实现精准的消息推送。普通的公众账号可以群发文字、图片、语音和视频四个类别的内容。

②消息群发。一般情况下，公共账号不能在手持设备上登录。目前，个人公众账号可以通过绑定私人微信账号，在私人账号上通过公众账号助手（微信号“mphelper”，需要添加“mphelper”为好友）向所有公众账号内的粉丝群发消息。每次发送消息时都会被询问“是否确认发送”，消息提交过程比一般微信号的发送过程稍慢。

③自动回复。由于是一对多的方式，微信公众平台在后台设置了自动回复选项，用户可以添加多个关键词，后台通过对用户发送内容进行自动检索并给出提前设定的答案，方便自动处理一些常用的查询和疑问。

（五）微信公众账号使用注意事项

1. 利用二维码的推送与订阅方式

微信最重要的发布和订阅方式，是通过推送公众账号的二维码，让微信用户随手扫描订阅。任何微信公众账号用户都可在“设置”中找到一个如下格式的二维码，但品牌 LOGO 要注意设在二维码的中部。

图 3－17

2. 精准消息推送

微信公众账号可以通过后台的用户分组和地域控制实行消息推送。推送消息时，需要选定发送的用户范围，实现精准的消息推送。

3. 富媒体的内容推送

微信的普通公众账号可以群发文字、图片、语音和视频四个类别的内容，而认证的账号拥有更高的权限，能推送更漂亮的图文信息，这类图文信息既可以是单条的，也可以是一个专题。用户应尽量申请认证账号，获取更多的功能。

4. 个人关系与公众关系的区分优化

用户订阅量的增加可能会增加推送带来的打扰，为把私人信息和内容信息区分开，微信新版本的推送已全部取消订阅号的声音提醒。应注意内容和品牌的选择问题——人们会喜欢少量而精致的资讯，而且随时可以离开。

（六）二维码

1. 二维码的含义

二维码又称二维条码，是一种信息的表现形式，它用按一定规律在平面（二维方向上）分布的黑白相间的特定几何图形记录数据符号信息。

2. 如何制作微信二维码

制作微信二维码的过程如图 3－18 所示：

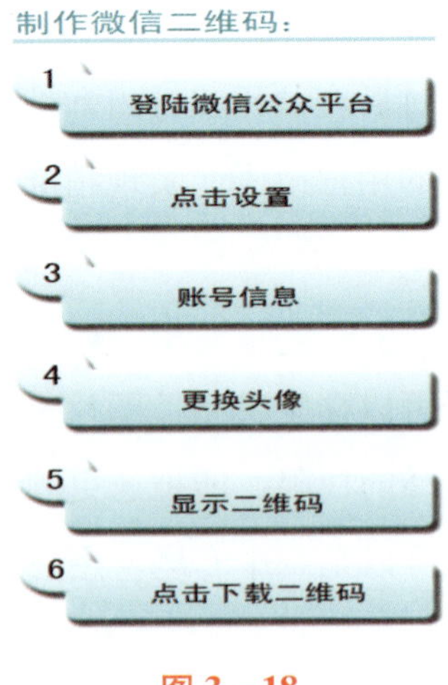

图 3－18

3. 如何使用二维码

①选择自己所使用的操作系统，选择对应的二维码扫描软件下载。

二维码扫描软件

语言：简体中文　　　内容提供：畅想科

软件分类：生活工具

关键字：　条形码扫描软件、条码信息查询、

1. 手机上网登陆http://wap.3533.com/

2. 进入"按编号下载"

3. 输入Wap编号 151340 按提示下载

支持平台：Android

安装包格式：APK

注意：下载免费，部分正版需付费使用，收费均有

图 3－19

②安装之后，用手机对准所要扫描的二维码，稍等片刻，二维码所记录的信息就会被二维码扫描软件解读。

图 3－20

4. 二维码的特点

二维码是用某种特定的几何图形按一定规律在平面（二维方向上）分布的黑白相间的图形记录数据符号信息，在代码编制上巧妙地利用构成计算机内部逻辑基础的“0”、“1”比特流的概念，使用若干个与二进制相对应的几何形体来表示文字数值信息，通过图像输入设备或光电扫描设备自动识读以实现信息自动处理。二维码具有条码技术的一些共性：每种码制有其特定的字符集；每个字符占有一定的宽度；具有一定的校验功能等。同时还具有对不同行的信息自动识别功能及处理图形旋转变化等特性。

二维码的主要特点是：

（1）高密度编码：信息容量大，比普通条码信息容量高约几十倍；

（2）编码范围广：可以把图片、声音、文字、签字和指纹等可以数字化的信息进行编码，用条码表示出来，也可以表示多种语言文字及图像数据；

（3）容错能力强：具有纠错功能。这使得二维码因穿孔、污损等引起局部损坏时，照样可以正确得到识读，损毁面积达50%仍可恢复信息；

（4）译码可靠性高：它比普通条码译码错误率百万分之二要低得多，误码率不超过千万分之一；

（5）可引入加密措施：保密性、防伪性好；

（6）成本低，易制作，持久耐用；

（7）条码符号形状、尺寸大小比例可变；

（8）二维条码可以使用激光、CCD 阅读器、手机等多种设备识读。

5. 二维码的功能

二维码真正火起来还是近几年的事情。从 2010 年开始，国内二维码市场已经开始迅速升温，应用渐趋广泛，腾讯创始人马化腾称“二维码是商家从线上到线下的一个关键入口”。

归结起来，二维码目前主要应用于以下四个方面：

①传递信息。如个人名片、产品介绍、质量跟踪等。

②电商平台入口。顾客线下扫描商品广告的二维码，然后在线购物。

③移动支付。顾客扫描二维码进入支付平台，使用手机进行支付。

④制作凭证。比如团购的消费凭证，会议的入场凭证等。

举例来说，二维码可以为经营餐厅的商家建立一部手机的电子菜单，商家可以很轻松地将餐饮文化、菜品介绍等信息按照相关的指引录入，用户通过扫码获得该商家的微信公众平台的跳转链接，从而获取商家相关信息。

应用场景：宣传海报、手册、餐桌牌。

商家利益：

①解决消费者由于等位、等餐带来的客户流失、客户抱怨问题。

②差异化营销，提升用户体验水平，增强品牌竞争力。

③通过电子菜单，餐厅会获得更广泛的关注和口碑宣传。

④提升工作人员工作效率。

消费者利益：

①到店就餐之前就可以通过电子菜单点餐，节省点餐时间。

②扫码后电子菜单可以永久保存在消费者手机里，引导消费者的再次消费。

③更加详细地了解菜品，选择符合自己口味的菜品。

第四章

微信营销能为企业做些什么

（一）微信营销是一种低成本的营销方式

现代市场营销的核心理念是从市场的需求出发，做到模式创新、顾客满意，企业盈利。而低成本运作则是企业盈利的首要条件，对企业的经营效益至关重要。如果一个企业为追求盈利而片面提高产品价格，那么企业在竞争中是没有明显优势的，也将会面临一定的经营困难。降低成本是每个企业都在力求实现的，微信营销通过用户手机的软件功能，创造了企业持续发展的盈利模式。

企业的微信营销与传统市场营销模式相比较，有着较大的差异。微信营销的费用将低得多，着重体现在如下几点：

1. 发挥“免费午餐”作用

目前微信收、发信息均为免费，“零资费”效应吸引着大部分的企业及个人用户的加入，其流量费用也相当低（如：目前中国移动 20M/5 元，中国联通、电信均为 30M/5 元），在微信公众平台上发布企业产品信息、品牌宣传及相关促销活动上基本不需要什么推广费用，用户可充分把握“免费午餐”机会，把效益做到最大化。

2. 二维码吸引关注

通过二维码的表现形式对精准定位的目标客户区域进行宣传，吸引广大客户关注；企业可以把信息内容以二维码技术进行转换，让用户扫描解码读取，这种方式与传统推广方式展示比较更加直接、信息更全面，且成本更低廉。由于二维码是近几年从国外引进的新型推广技术，信息转换基

本上是零成本，且推广费用低，越来越受到企业及用户的推崇，目前市场上主要的宣传途径还是传统的投放方式，如果在宣传的同时设置上二维码供用户体验，可以轻松实现低成本一举多得的效果。

3. 通过大号主推、小号助推引导消费

微信跟微博类似，也有大、小号之分，大号为企业公众账号，小号为私人账号。在功能上，两者可相互结合实现有效引导，例如，可以通过小号搜索“附近的人”、“摇一摇”，“朋友圈”分享等进行引流，然后“一对一”、“一对多”地进行沟通与维护，适当时机小号可以向用户推送大号信息，以图文并茂的形式向客户推荐，实现客流引入。由于所有的信息推送都是从微信后台发送，且微信是零资费的，企业仅需要个别客服人员跟进就可以轻松实现低投入高效率运作；另外，大、小号在企业进行客户管理服务时方便灵活，易发挥社交圈营销的作用，扩大影响力的同时提升了效益，所发生的费用微乎其微，可以说，该方式对于企业前期引流与后期客户维护都有较大作用，能有效帮助企业低成本地解决客源流量与客户管理服务等问题。

4. 开拓营销渠道

传统企业过去往往用平面媒体资源或场地广告招徕客户，花耗不少营销宣传费用，且推广效果不大；微信营销除了本身自带的推广引流方式外，企业可以针对性地选择并结合全方位的营销活动，吸引大量精准客户关注，如，通过论坛炒作、邮件营销、行业网站、搜索引擎、促销活动、新品体验，朋友圈分享等方式进行渠道拓展，以 020 线上线下有机结合，达到点、线，面的整体推广效应，该方式人力资源成本和推广费用较低，可实现超预期的营销效果。

5. 客户分类管理

微信既是一个强大的引流工具，同时，又可以作为一个高效的 CRM 管理系统。从目前营销手段来说，企业在传统营销的宣传推广成本费用较高，而且对外宣传、客服等工作需要众多的工作人员，每次举办促销活动都要有大量营销人员参与，更多是依靠传统媒体及户外广告手段实现推广的，但是这种方式并非客户所喜闻乐见的，很多时候当企业与客户进行沟通时，往往都被拒之门外，易造成客户反感，资源损耗。但是，企业在微信上可以建立会员系统将客户分类管理，以多种针对性的互动方式有效增强客户黏性，个性化地进行客户服务并引导消费。根据客户的需求有效分类，可以轻松实现“一对多”的功能运用，充分发挥客服作用，在大幅度降低营销推广成本费用的同时提高客户满意度，促进客户消费。

6. 提供购买服务

微信类似于淘宝、天猫的开店原理，只需注册一个微信账户即可（无需缴纳任何费用）通过微信平台展示产品，直接让客户进行购买支付。对比淘宝和天猫，微信又有其独特优势，例如，淘宝与天猫客户的购买活动需要通过第三方载体来进行，而微信客户的支付货款则可以直接到达卖家的银行账户上，无需通过支付宝或其他第三方工具；另外，商家可以轻松实现零库存。缺少资金的企业可以通过与相应的厂家合作，由厂家提供商品相关图文说明，一旦顾客向企业下单订货，企业支付相应金额给厂家再进而完成与微信客户的交易，这样，在降低风险的同时提高了企业的利润。

7. 营销数据分析

衡量企业的营销推广效果，最重要的一环是通过对决策到执行这一过程进行数据分析，这不仅可以成功避免资源配置浪费，还能为获取效益做铺垫。由于微信营销覆盖了从接触用户、沟通交流、下单到不断维系用户关系的商品消费生命周期，商家可以通过这一系列的用户活动进行消费者行为模式分析，有效地控制和降低成本，并使企业未来营销决策更高效科学。

8. 企业通过微信与合作商资源共享，实现共赢

当粉丝量充足或具备一定的行业影响力时，以企业微信为载体，无需花费成本地在用户群体之间展示合作商的产品或服务，收取相应广告招商费用，为企业增加新的盈利点；另外，以零库存、效益最大化实现资源的合理配置，并且使企业效益不受市场行情波动的影响，从而降低成本，实现盈利。

9. 企业可以低成本地植入个性化产品增值服务

企业通过向微信植入客户需求的手机应用，增加客户使用的娱乐性、趣味性，让用户对企业微信平台产生兴趣和依赖感，并促进盈利。例如，搞笑表情、微信皮肤、动态头像、魔音，视频编辑等。通过安装各式插件，我们可以增强聊天互动、搜寻朋友、新闻阅读、社交娱乐等诸多附加功能，让微信跳出聊天软件的局限，拥有更广泛的应用空间。同时，这些植入产品的成本都是比较低廉，且都可以对用户适当地收取费用。

10. 为第三方企业做托管代运营服务

企业通过微信营销的成功实践，可以在自身资源配置充足的条件下，为获得更好的效益，向第三方提供代运营服务。例如，借助原有的成功微信营销实践经验，为第三方企业提供相应的解决方案、项目代开发、运营等服务，低成本地实现预期效益。

以上是微信营销低成本运作的常见模式，总的来说，企业利用微信营销低成本运作归纳为两部分内容：第一，前向收费（面向客户的消费获取利润）。将产品通过微信平台展示给用户，引入客流，吸引客户关注与订阅，引导客户消费；第二，后向收费。通过不同的合作与服务形式，使企业和广告主受到青睐而获得回报收益，同时，运作过程中，更好地利用多媒体和实体店铺进行互动，并利用新技术、新方法获取微信营销带来的便利和丰厚利润。

（二）企业能否使用微信营销的考量

考量一：是否有助于巩固老客户群体并提高老客户的光顾率？（老客户是否有微信的使用习惯？是否更方便企业提供后续沟通服务？）

考量二：是否有助于带来新客户？（微信注册用户中是否有企业潜在客户？）

考量三：是否有助于提高既有的客户评价，简化运营流程，并提高工作效率？（与传统媒体对比，使用微信营销是否能达到低成本高效率的运作？）

（三）微信营销能为企业做些什么

1. 品牌传播

微信营销能够建立起企业与消费者（客户）之间一对一的互动和沟

通，同时，将消费者直接接入企业 CRM 系统，以提供更好的促销、推广、宣传、售后等服务，为企业提供了品牌的营销平台，有效促使企业成为社会和行业领域中的热点，帮助企业快速抢占移动互联网商机。微信公众平台的开发，有利于企业通过微信公众平台将品牌和服务展示给用户，从而在提高企业品牌知名度、增强企业品牌影响力的情况下，减少企业品牌的宣传成本。

浅海鱼食府有机结合了餐饮行业的社会属性与受众群体的个性需求，通过个人小号的关注、朋友圈分享和公众账号的营销推广，高效地实现了企业的品牌传播。

2. 营销推广

企业可以借助微信好友推送的功能，实现产品销售推广，还可利用微信的高互动性，通过对互动流程、环节和方式等的设置，运用各种活动设计实现与用户的互动交流，不断更新、补充主题，让用户可以反复参与，并带动周边朋友一起分享，从而形成极强的口碑营销效果。

另外，当目标客户看到相关信息后，通过查找微信公众账号或扫描微信二维码添加好友，最终也可以成为企业潜在客户。

3. 媒体平台

企业可以借助微信平台，通过图文信息、语音信息及视频信息的形式，将引导性消费内容（如企业最新活动、促销信息、有奖问答）等资讯发送给客户，增加客户订阅及消费的次数，提升用户的黏性和忠诚度。

4. 客户管理

客户是企业生存和发展的动力源泉。为追求企业收益的最大化，企业可根据客户的消费额度、消费内容、消费习惯等进行分类管理。营销的目的是让企业和客户建立良好的关系，从而引导客户进行消费，微信营销也一样。

但微信营销区别于传统营销手段的是要先把“客户”的角色先转换为“微信好友”。微信的好友就是企业的用户，只有和“好友”建立起良好的关系，掌握“好友”的喜好和兴趣，在清楚了解企业自身优、劣势的前提下为“好友”精心提供个性化的服务，保证“好友”数量不流失并稳步增加，才能更好地推广自己的产品。

5. 交互式智能客服

微信平台免费为商家与用户提供多媒体客服平台，提高了顾客忠诚度。为了弥补人工服务的涵养有限等问题，越来越多的商家通过微信平台实现了智能客服，客户与商家的接触也更多的由人工客服转为智能客服，不仅成倍地提高了企业的客服效率，改善了客户的满意度，还能帮助企业完善客户资料，更清晰地了解客户需求，实现客户精细化管理。

微信所运用的智能客服，从技术层面来说是把网络客服系统应用到了终端移动设备中，这是互联网行业的首创。它不仅可以随时随地向客户推送促销信息，还能随时随地解答客户的问题，所以说，微信使得网络营销无处不在。微信的智能客服系统能够辐射不同的地区、渠道、品牌、业务、时间、话务员、客户类型。

通过设置智能互动机器人进行的智能客服，也是一种与用户交互沟通最多的方式，它与微信的娱乐性质相吻合，企业可以设置关键字，通过客户回复实现与微信智能客服系统的互动，从而达到吸引客户的效果。

微信客服小窍门： 帮助会员完成预付充值、预订座位、预订房间、预订菜品、代驾等线上交易工作，以此增强会员在移动端的用户体验。

6. 会员卡

企业可以通过微信会员卡记录用户线上和线下的相关活动信息，并设立积分制度、会员卡级别分类等，为用户提供个性化服务和差异化的服务，从而提升用户体验及服务质量，增加企业销售额和利润。

微信会员卡可以提升微信用户的黏性，还可以培养微信用户主动搜索、查找信息的习惯，比微信向用户主动推送更重要，更高效精准。通过微信会员卡，每个微信用户都有可能成为品牌的传播点，因为他们会将会员卡分享到好友群、朋友圈，分享最真实的消费感受。

图 4－1

7. 内部协作

微信不单纯只是帮助企业和消费者进行沟通，也可以促进企业内部协作。企业可以使用联系人构建企业内部的社交网络，提供即时通信、语音对讲、收发邮件等功能，建立起自己的“同事群”，让同事间的沟通更加及时便利，在提高办公效率的同时也让团队关系更加融洽。

（四）企业如何做微信营销

微信通过两年来的发展，积累了大量的用户，是一座待挖掘的“金山”，俗话说“有人的地方就有商机”，更何况微信拥有如此庞大的潜在客户量。随着微信自身功能的不断完善，企业中如何利用微信做好品牌营销的冲锋号已经吹响。

借助微信做营销，如何建立并沉淀用户关系，如何推送用户感兴趣的信息，如何抓住用户的需求，如何让用户产生购买行为，这些已成为越来越多企业关注的问题。下面，跟广大读者分享几种运用微信进行营销的方式。

1. 借助微信的定位系统，通过搜索附近的人来进行营销

这种营销方式主要针对某一个区域的人群进行营销，由于人群具有一定的流动性，可以将此区域内的信息扩散出去，达到线上线下营销的融合贯通。首先，用户可以借助微信的个人资料填写，在个性签名中填写商品或广告的相关信息，然后在个性头像设置中上传产品的相关照片或广告，然后再搜索附近的人。当这个区域内的用户在搜索附近的好友时，由于你

已在此区域范围内定过位，用户也便容易搜索到你，能看到你发布的相关产品信息，随时引起客户关注，若遇到有相关需求的买家就能够借助微信进行生意谈判。

图 4－2

2. 通过“漂流瓶”、“摇一摇”进行市场推广

微信还具有“漂流瓶”和“摇一摇”等功能。“漂流瓶”，是写一段信息，包括图文、语音及视频等，然后抛出，等待别人随机捞取；“摇一摇”，就是开启“摇一摇”界面，晃动手机后会显示在同一时刻摇动手机的人，并且按地理位置由近到远排列，这两个功能不但丰富、娱乐了用户的生活，还可以进行电子商务营销。比如，漂流瓶可以在漂流瓶内写一些产品的广告信息，里面插入产品的图片或视频等，抛出去使其被不同的人接收。不同于 QQ 漂流瓶的是，微信上的漂流瓶是可以随便抛出的，当别

人摇到你时就会看到你的个性签名、图片等相关信息，若碰到有相关需求的人便可进行谈判及交易。这种方式对于不同区域的人都是有一定影响的，不同地区的用户，只要能捡到瓶子或者摇出好友，都可以看到产品的相关信息。

图 4－3

图 4－4

3. 微信二维码

二维码是近几年新推出来的营销手段。在微信中，企业用户通过设定自己的二维码进行宣传，让客户扫描识别微信二维码信息来添加朋友、关注企业公众平台账号。目前采用得较多的是 O2O 营销模式，通过以折扣或优惠、最新活动来吸引用户关注。

图 4－5

4. 语音信息

现阶段用户多厌倦内容不全面的文本短信，发送视频又太过于耗费流量，因此企业可以选择用微信发送语音信息，特别是用户咨询的时候，既直接又灵活，省时、省力、省钱，方便高效。

图 4－6

5. 公众平台

微信公众平台的开放，让企业与客户沟通更官方。它类似于企业网站，可以让客户直接了解企业产品与服务，同时又具备强大的客服功能。企业可以在微信平台上实现特定篇幅的文字、图片、语音和视频的发送，达到全方位沟通、互动效果，增强客户依赖性。

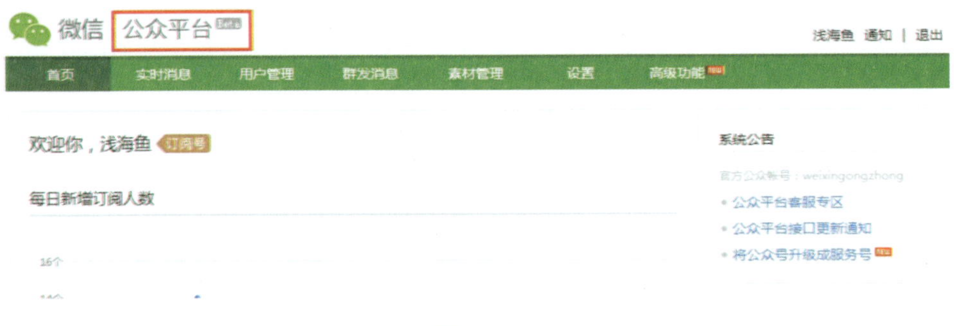

图 4－7

6. 自定义开发平台

利用微信高级功能中的开发模式，企业可通过微信开放接口接入第三方应用，植入与自身企业相关的系统并设置栏目，将应用功能的有关内容同样通过信息推送到用户手上。这类似于将企业网站的功能加载到微信平台，让微信用户方便地在会话中进行内容选择或分享，并可直接实现营销功能。

图 4－8

7. 与邮件营销、微博营销、QQ 营销等相结合

现在微信逐渐与 QQ 相结合，可以收邮件、接收 QQ 消息和微博消息，借助原有的邮件营销、QQ 营销等，可以进行精准的微信电子商务营销。

中国移动 23:01 29%
功能
功能设置
QQ离线消息
已启用
我可以帮你接收QQ离线消息，还可以回复！
查看消息
发QQ消息
接收离线消息
清空此功能消息记录

图 4－9

图 4－10

（五）微网站、微落地（手机订货）系统开发

随着微信功能的不断开放及创新，微信公众平台高级功能的开发模式被广泛运用，通过第三方应用植入系统，可使企业公众平台变身为企业网站的缩小版，现已逐渐被看做“轻型”APP，功能与APP手机应用类似，又有其独特的优势，备受企事业单位及终端消费者青睐。

微信与APP手机应用的区别主要表现为：

①APP需要在软件平台上下载，而微信不需要。

②APP分为苹果、安卓、WIN系统，而微信是跨平台。

③APP容量大，一般需要大量内存，而微信不需要。

④APP开发成本高、制作周期长，而微信公众平台开发成本较低廉，且见效快。

由于微信用户量的庞大和功能的优越性，很多企业已改变传统营销观念，着手微信营销模式的品牌推广与应用开发，但微信平台推出市场时间较短，本身也在逐步完善，所以，企业微信营销模式的成功更多的是要靠企业自身摸索与实践总结。

结合对浅海鱼食府微信营销的成功代运营，针对微网站、微落地系统建设，我们提出以下几点建议。

1. 微网站开发六大要素

①企业领导要领军、统筹全局（力不到，不为财）。

②产品定位要清晰（别单纯追求界面唯美）。

③调研策划要充分（需求不明不开发）。

④资料齐备再设计开发（兵马未动，粮草先行）。

⑤过程沟通要顺畅（各工作环节相互沟通好）。

⑥编辑、推广要跟上（相关工作要保障）。

2. 微网站开发及应用

（1）开发部分

①企业微信开通（公众账号注册）。

②美工设计：与企业 VI、企业网站相匹配。

③功能模块：企业介绍、企业的产品和服务展示、联系我们、招聘信息、新闻发布等。

④技术安全：PHP、数据库 MYSQL。

⑤空间服务：提供云存储空间服务、服务器解译引擎、Apache。

⑥会员卡系统：为企业打造微信线上会员系统。

⑦二维码：通过二维码制作，展示企业信息。

⑧公众信息：提供便民服务（如公交查询、天气预报、查快递、身份证查询联系电话等）。

⑨企业信息：技术加入自动回复、自动聊天，让企业与客户产生高度黏性，节省大量人力物力。

（2）应用部分

①微网站首页：工作人员可以随时编辑展示内容。

②企业新闻发布：工作人员可以随时对外展示、发布企业最新消息。

③静态页面：后台编辑器自由、灵活排版设计。静态页面可以作为公司介绍、招聘信息等页面。

④项目、产品展示：适合中、小企业，为企业做推介，展示服务与产品。

⑤会员卡系统：根据企业需求，为企业打造微信线上会员系统。

⑥百度地图：精确搜索查询企业所处的地理位置。

图 4－11　　图 4－12　　图 4－13

（3）如何打造有效果的微网站

微信微网站的开发不同于电脑的网站开发，它受到了空间的限制，这样就促使策划及开发者考虑如何在有限的空间里发挥出无限的创意空间。怎样才能将重点的内容进行展示，并引导客户去点击、查看并消费便是微网站规划要点。

秘诀一：吸引关注——如何让网站快速吸引客户？

网站首页必须在 30 秒内明确解答客户 3 个问题：

①我主要销售什么？

②为什么要选择我？

③为什么要相信我？

秘诀二：构建信任——如何让客户 100% 地相信？

增强顾客信任的原则：

①选客户关注度高的。

②选有代表性的。

③建立有价值的关系。

④实现真正的对话。

⑤对本企业及产品熟悉，语言表达专业化。

秘诀三：独特卖点——给客户一个选择的理由。

选择客户独特卖点的原则：

①优先选择跟定位相关的。

②选客户关注度高的。

③选客户认识度高的（实＋虚）。

④选领先行业的或竞争对手弱的。

⑤选顾客满意度高的。

3. 微落地（手机订货系统）开发与应用

微落地（手机订货系统）是基于微网站开发及应用，进行功能升级的结果，两者的区别在于：微网站更多的是做形象展示，类似于企业官方网站，而微落地（手机订货系统）更像一个购物商城，客户可以通过浏览信息将感兴趣的产品直接购买下来，商家可以利用微落地实现订货管理。

微落地在微网站开发及应用基础上新增加了以下内容：

（1）开发增加部分

①用户端：经销商等买家直接在手机上订货。

②商户、厂家：在手机上查看订单，管理订单。

③买方与卖方：买方可以修改订单数量，卖方可以修改价格。

（2）应用增加部分

①商家通过手机进行订、供货。

②产品列表、详细介绍。

③产品图片、规格说明。

④文本编辑、内容维护、产品更新。

⑤用户可以点击购买或收藏。

⑥经营者通过微信查看项目销售情况。

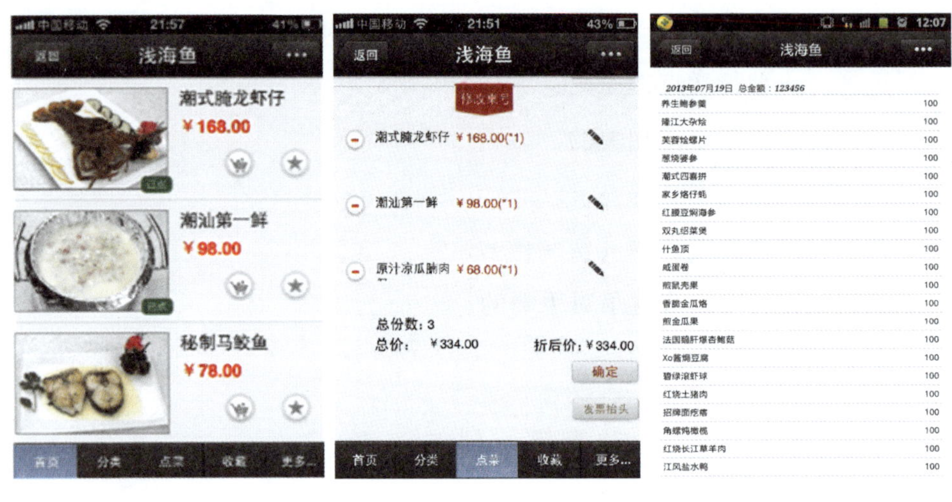

图 4－14　　图 4－15　　图 4－16

（3）如何打造更有效的微落地

微落地使得微网站如同一个缩小版的天猫，是一个小型的购物商城，在微信 5.0 的支付功能出现后，这个小型商城的功能发挥得更淋漓尽致，更贴近生活。如何打造一个有别于电脑网站的购物商城，便是我们要不断思考去实现的。

秘诀一：框架规划简明清晰，一目了然。

好的网站框架规划能让客户进入之后耳目一新，如同进入一家环境优美的购物商城，视觉清爽，并产生购物欲望。

①首页上，可按主次类目分别列开。

②二级页面产品描述要突出。

③在首页底部，引导客户注册成为会员，留下客户资料。

④生成购物清单要实现，方便客户查阅以往购物信息。

秘诀二：产品陈列层次要分明。

①产品陈列可按其特征分类（如价格、品种、用途等）。

②分级页面要简明，页面分三级为好，多级会令购物不方便。

秘诀三：留下客户信息是关键。

①引导消费是关键，点击购物后可推荐新产品。

②引导成为电子会员，留下客户信息，密切联系，便于服务。

（六）微信营销服务提供商

目前微信营销市场上，为了解决没有微信营销实战基础的企业家关于微信营销落地问题，有商家推出了为企业建立微网站及微信托管两项服务。

1. 微网站服务收费方式

在微网站建立上，主要有三种收费方式：

第一种：按月收费方式。

按月收费指开发商在为企业开发了微网站后，按月收取若干空间费用，有部分开发商还采用提成抽点的方式，当客户在企业微信上购买了产生费用的产品时，开发商便收取一定的提成点数，微网站维护及推广则由企业自行负责。

第二种：模板购买方式。

模板购买指开发商事先按照微网站版块及功能，分块开发好，并制定好价格，由企业根据自身产品及搭建要素自行购买功能，并向开发商支付一定费用。

第三种：买断个性化定制方式。

买断个性化定制是市场上最为普遍的，性价比最高的，也是被企业广为认可的模式。开发商根据企业开发要求，按照事先约定的开发事项进行个性化定制，开发结束后，企业向开发商支付一次性开发费用，避免再次收取费用。

2. 微信托管服务

微信托管方式较为单一，目前市场上主要以月运营托管为主，运作方式也较为简单，主要服务有：

①为客户建立微信展示型或成交型微网站。

②配备客服人员，为客户提供微信信息发布及更新服务。

③为客户提供在线咨询服务。

④设定自动应答服务。

⑤其他微信营销服务。

笔者对比了多家微信营销托管服务公司，牛力文化传播有限公司（以下简称牛力公司）在微信托管服务上，相对而言，服务内容更为丰富，性价比更高，在此，我们也将其托管服务公开化，让读者能够更为详尽地了解何为企业微信托管，以更好地选择企业托管服务。

服务一：微信营销战略咨询服务（2次）。

由拥有十二年实操及管理经验的网络营销专家担任首席顾问，以一对一现场咨询服务的方式，现场进行项目调研、产品定位、独特卖点策划及网络推广计划制作。

服务二：微网站或微落地网站一套。

牛力公司首创微网站或微落地网站一套，并可根据企业自身特点量身定做，让微网站从简陋的“路边摊”轻松升级到“品牌形象店”、“网络商城”和“精品店”，提高订单及流量。

服务三：微信推广执行外包服务（3 个月）。

由牛力公司微信营销推广团队为企业策划微信营销文案，并启动各项微信推广服务，让不懂微信营销企业轻松做好推广，快速获得订单及流量。

服务四：微信网络营销团队培训服务（3 次）。

由最具实战经验的网络营销操盘手及多年管理经验的教授担任培训师，2 天 1 夜全程封闭式培训 + 现场实操 = 现场落地！由企业老总亲自率队，微信营销专员参与，教练式学习，通过与企业一起执行，高速打造具有高执行力的微信营销团队。

服务五：后续服务支持（6 个月）。

由项目经理提供半年远程问题咨询服务（电话或 QQ 方式）。

第五章
微信营销的操作技巧

（一）开展微信营销前的思考

微信营销越来越受企业营销的推崇，依照目前的发展趋势及市场现状，微信营销是企业整体营销战略的一个组成部分，是为实现企业总体经营目标所进行的，以移动互联网为基本手段营造网上经营环境的各种活动。

由于近几年互联网市场的崛起，营销渠道正如火如荼地演变革新，不断冲击传统企业的经营发展，经营者都觉得现在赚钱太难，转型互联网市场的企业也发现竞争太大。其实，成功的营销活动策划及执行必须满足消费者不断变化的需求，微信经营也一样，企业能否真正发挥出微信营销的作用和价值，决策者对消费者需求及微信营销的认识和重视程度起着决定性的作用。战略是个系统，是围绕如何满足消费者需求的系统，这个系统需要调动企业的各种资源来构建，只有管理者真正重视了，微信营销才能发挥它的巨大作用。

如何搭建微信营销的战略架构，让微信营销发挥其真正的作用，这里分为两部分进行说明：

1. 五个前提

前提一：企业管理者必须清晰地掌握并不断满足消费者的需求。

前提二：企业管理者必须对微信营销有充分的了解和认识，把它与企业的其他战略规划放在同等重要的位置。

前提三：制定微信营销战略必须由企业决策者牵头，组织企业相关部门共同参与制定。

前提四：微信营销与传统营销密不可分，它是营销的思想和方法与移动互联网技术的紧密结合。

前提五：必须有专业的团队来实施微信营销计划，成员包括管理人员、营销人员、客服人员、技术人员等。

2. 六个步骤

第一步：企业微信营销 SWOT 分析。

企业微信营销的现状分析：企业产品的优势是什么？独特卖点如何打造？微信平台上如何展示？企业产品的劣势是什么？目前企业面临着哪些机会？面对这些机会，可以怎样采取行动？今后会有遭遇哪些威胁？如何在微信营销执行过程中加以防范？

第二步：微信平台的功能定位。

①微信平台的业务定位：是做品牌传播、代理招商，还是单品销售？是批发（B2B）还是零售（B2C）？是做企业网站还是门户网站？

②网站服务的首、次要目标客户群是谁？

第三步：微信营销目标。

通过微信营销，在某个阶段内要达到什么样的营销目标？要具体到微信公众账号的粉丝量、互动情况、信息浏览量及转发量、订单的增长量、销售的增加额、品牌知名度的提升等等，注意要按照量化的标准来制定目标。

第四步：微信公众平台规划。

企业要打造什么样的微信公众平台？公众平台框架怎么规划？要设置哪些栏目、实现哪些功能、通过什么技术或手段展示产品或服务？对关键词的设置和规划？选择什么样的公司进行微网站合作开发？在建设过程中如何与合作公司对接、保持正确的沟通？微网站什么时间完成？微网站建成后验收的标准是什么？

第五步：微信公众平台的推广计划。

推广的营销目标，投放的途径及媒体选择，推广的方式选择（付费或免费）、投放的资金预算，推广执行的进度计划。

第六步：微信营销专业团队的组建。

人员的配置和招募，工资的预算、培训计划、考核标准。

在当今快速变更发展市场经济时代，谁早走一小步，谁就会领先一大步。企业要想真正让微信营销发挥实效，成为新经济时代竞争的重要手段，决策者就必须把它提升到一定的高度去聚焦并运用，只有这样，企业才能真正领会微信营销的价值。

中小企业的微信营销关键点在于企业领导对微信营销的意识，中小企业的决策者只有意识到了微信营销的重要性，同时制定适合公司的微信营销策略，中小企业的微信营销效果才能有好的保障。

（二）如何打造微信营销团队

微信营销是一种自媒体营销方式。中小型企业开展微信营销的，须建立一个微信营销团队。微信营销团队在总经理领导下开展工作。微信营销团队设项目部、策划部、推广部、客服部、业务部、设计部。其中项目部、策划部、推广部是专为微信营销设立的专职部门，客户部、业务部、设计部则是为企业整个营销服务的部门。

1. 团队人员构建

（1）项目部

项目经理：1 名

经理主要职责是对整个项目整体方向的把握及规划，对整个项目团队的全面管理、监督及考核，并与客户进行实时性沟通，及时传递信息及修正落实进程，起到沟通桥梁的作用。

副经理：1 ~2 名

副经理主要职责是协助经理对整个项目进行管理、监督及考核，并在经理不在时履行经理职责，保障项目顺利进行。

（2）策划部

文案人员：4 名

结合线上、线下策划人员的策划思路，深度参与企业微信营销项目的开发和执行，制定市场推广、品牌形象推广的方案，并对微信及其他网络营销渠道进行内容策划、编写与统计。

线上策划人员：2 名

实施以微信为主，其他网络营销手段为辅的网络营销方案策划，并让文案形成可执行方案，通过定期不间断开展线上炒作活动，拉动企业人流量，促进消费。

线下策划人员：2 名

对线上活动进行深度配合，线上线下一条线贯穿，带动线上营销活动，实现线上营销效果。

（3）推广部

微信推广人员：4 名，其中公众账号推手 1 名，小号推手 5 名

公众账号推手：公众账号一般是以企业官方形象出现，更多代表的是企业，主要发布或公布优惠政策、新闻和便民等方面的信息，并通过自定义开发，构建适合企业发展的系统。维护公众账号就是要每天推送不同的信息，为客户提供在线服务，并对客户进行回访，成为客户与企业之间的桥梁。

小号推手：小号推手是微信营销当中必不可少的，公众账号就如同大海，小号就如同小河，最后所有的河流都要汇集到大海上。小号是为了推公众账户而存在的，可操作性强，无须在电脑上进行，在手机上便可实现所有功能。开通小号，就是在企业周边的写字楼进行“扫楼”服务，通过“摇一摇”、“搜索附近的人”，不断发送“打招呼”，增加粉丝量，与粉丝、好友进行互动，增加在线乐趣，并通过朋友圈上有意无意的企业信息分享，对粉丝及好友进行潜意识营销，促使他们消费，另外，不断推出企业公众账号，为其增加粉丝，充实公众账号。

微博、QQ 也是一种自媒体，企业在注重微信营销时，也不能忽略微博营销、QQ 营销，也要指定专人负责。

微博推广人员：3 名，其中官方微博小编 1 名，马甲小编 2 名

官方微博小编：微博线上活动策划，信息发布，与粉丝及时互动，以增加粉丝为使命，扩大影响力，打造网络媒体平台，从而为企业线上营销作铺垫。

马甲小编：与官方微博互动，提高官方微博粉丝活跃度，并不断转发官方微博内容，扩大宣传力度，为官方微博的“增粉”推波助澜。

论坛、社区、问答等推广人员：1 人，主要用于外包团队对接

网络社区、论坛、问答等推广费时费力，主要以量取胜，可交由外包公司承包，由企业内部专业人员纂写文案，交由外包公司进行发布。对接人员对外包团队进行监督、管理及效果反馈处理，并按周、月递交报表，方便统计。

QQ 群推广人员：2 人

通过搜索企业或相关客户的 QQ 号，组建用餐 QQ 群，并加入相关现成 Q 群，定期推送企业信息，扩大企业宣传力度及影响力。

（4）客服部

客服人员（会员服务）：4 人，其中电话客服 2 名，微信客服 1 名

电话客服主要职责是接电话，为企业做电销；微信客服主要是为企业公众账号微网站服务。

（5）业务部

业务推广人员：4 人

走访写字楼，派发传单，与大型机构洽谈，促进企业业务发展，推动线下营销服务。

（6）设计部

平面设计：2 名

为线上线下宣传活动的 DM、海报及图案进行设计，提高宣传效果。

2. 团队框架

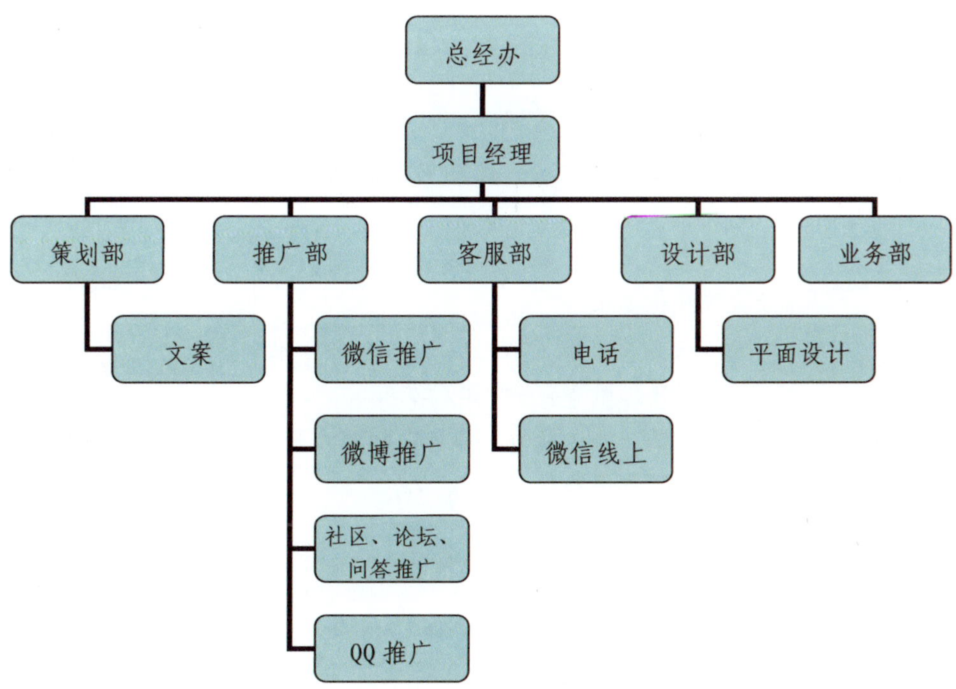

3. 团队分工

分工	部门	主要职责	姓名	QQ	手机
应急决策	总经办	由公司总经理负责，遇重大问题及时处理			
项目管理	项目部	由项目部门主管负责，把控项目的监督以及进度组织管理、推广工作，及时处理及反馈信息，协助相关部门建立营销数据库			
公众账号、小号及其他网络营销管理	策划部	由公司各部门按分工直接进行，并各自负责具体的详细工作，做到每天总结汇报			
	推广部				
	客服部				
	设计部				

4. 人员工资预算

岗位	要求	参考薪资（元）
项目经理	有一定项目操盘经验，熟悉网络营销，有团队管理及协调能力	8000～10000
策划人员	有一定策划经验，熟悉网络营销策划，善于提炼独特卖点	4000～6000
推广人员	有网络营销产品推广经验，熟悉各平台推广，懂得优化网络及各种推广方式	3000～5000
客服人员	有经验为佳，表达能力、临场发挥能力强，有营销经验基础更好	2500～4000（外加奖金）
业务推广	有网络营销业务经验为佳，表达能力、临场发挥能力强，须具备营销经验	2500～4000（外加提成）
平面设计	熟悉平面设计软件，有相关的平面设计经验	3000～5000

5. 线上推广预算

由线上团队制订推广计划，做好资金预算，由主管填写审核意见，并呈报总经理进行审批签发，确保手续完备，资金及时到位。

6. 线下推广预算

线下团队制订线下营销策划方案，并提供详细清单，包括活动所需物料、交通、场地租金等资源预算方案。

7. 常用统计表

账号分类统计表

类型	用户名	密码	公众号名称	微信号	使用人	绑定手机
官方微信						
加盟微信						
销售微信						
客服微信						
官方微博						
马甲微博						
……						

时间：______年____月____日　经手人：________　负责人：________

公众平台管理实时消息统计表（每 3 天统计一次）

类型	消息数量	已阅已回复数量	已阅未回复数量	未阅未回复数量	是否星标	备注原因
官方微信						
加盟微信						
销售微信						
客服微信						
官方微博						
马甲微博						
……						

时间：______年____月____日　经手人：________　负责人：________

用户管理统计表（每周统计一次）

类型	总用户数量	默认未分组	星标组	提问用户	新建分组	备注
官方微信						
加盟微信						
销售微信						
客服微信						
官方微博						
马甲微博						
……						

时间：______年____月____日　经手人：________　负责人：________

群发管理统计表（每周统计一次）

类型	文字信息	图片信息	声音/录音信息	图文信息	群发对象	备注
官方微信						
加盟微信						
销售微信						
客服微信						
官方微博						
马甲微博						
……						

时间：______年____月____日　经手人：________　负责人：________

（三）微信营销的操作与步骤

1. 进行市场调研，了解消费者群体的需求

多数企业产品销售不畅或销售业绩一般，并不完全是因为没有建立企业自身清晰的品牌定位或者没有钱做大规模的市场推广，核心因素主要还是在产品上市前企业没有做专业的消费者需求市场调研，该类产品消费者的消费状况、消费心理、消费习惯、消费需求、购买决策过程以及主要购买方式等方面的情况都没有做到精准的了解和掌握。

企业做好微信营销应该更侧重于消费者市场调研、分析消费者需求。了解消费者需求的方法主要包括以下几个方面：

①消费状况调研。

②消费目的调研。

③消费心理调研。

④消费趋势调研。

⑤个性化消费需求调研。

⑥品牌产品定位调研。

⑦产品目标市场调研。

⑧产品盈利模式调研。

⑨产品系列卖点调研。

⑩产品价格定位调研。

⑪产品口味需求测试。

⑫产品包装调研。

⑬产品营销模式调研。

目前，消费者需求调研方法较多，企业微信营销的市场调研方式也不拘一格。浅海鱼食府前期成功运营主要采取的调研方法为 CLT 调查法，即固定场所问卷调查。这种调研方法值得所有企业借鉴和探究。

浅海鱼食府通过对消费者或潜在消费者进行调研分析，调研区域主要锁定在广州赛马场附近写字楼、小区，调研人数在 300 人以上。调研的目的主要是对消费者从事的行业进行了解，另外，对其年龄和收入、个性喜好等情况也进行了统计，然后统一进行分析。后期效果表明，这样的市场调研方式置信度能够达到 95% 以上，符合浅海鱼食府营销推广的市场需求。

2. 确定微信公众账号的功能及展示内容

企业首先应该注册并建立自己的微信品牌公众账号，然后吸引用户关注。公众账号通过后台的用户分组和地域控制，实现精准的消息推送。

公众账号分为两类：普通公众账号和认证公众账号。企业可以根据普通公众账号与认证公众账号的区别，确立推送内容，设定相应功能。

3. 先把老客户加进来，再进一步发掘吸纳新客户

企业营销的目的就是为了满足客户的需求，培养和造就顾客对企业的忠诚度，形成稳定的顾客群，从而实现盈利。但是，让顾客满意是一项复杂的系统工程，因为顾客的需求和爱好是不断变化的，这就要求企业必须不断创新，使顾客获得超值享受。

如何发掘老客户的价值，客户服务是关键。下面介绍几种老客户维系及新客户挖掘的方法和技巧。

（1）情感维系、贴身服务

企业要与老客户建立起牢固的联系，这种联系除业务方面外还包括情感因素。

①制定对老客户进行关系维持的具体措施。

定期与老客户交流，建立专门的老客户服务系统，为会员客户提供各种特制服务，通过会员服务等系列活动如新产品推广、优先销售和优惠价格等，加强老客户与企业的联系，培养老客户对企业的忠诚。

②通过信息反馈系统，随时了解客户需求。

信息反馈不及时容易造成客户流失，因此企业应该建立客户反馈系统，随时了解客户的最新需求，并根据客户的需求对产品或服务做出相应的调整。

③定制化营销。

每个客户都有不同的情况，如区域不同、经营策略有差别、销售条件不同等，应根据客户不同的个性化需求设计营销方案，按他们的特殊要求提供相应的产品及服务。定制化的营销有利于建立企业和客户间的长期关系。这样设计出的产品和服务不仅更具针对性，还能使客户感受到他是被

高度重视的。

（2）通过老客户带来新客户的六个步骤

①与客户接触过程中要充分展现专业技能素养，这种专业技能素养能提升客户对产品的认知度，取得老客户的信任，为今后更多的合作打下坚实的基础；

②对老客户进行售后跟踪服务时，可以找满意度高、忠诚度强的老客户为公司产品填写消费感受、服务评价，及时了解客户反馈意见，方便后续跟进服务，还可以让老客户直接写推荐信给周边朋友，不断为公司介绍新客户。

③拿到推荐客户名单后，了解推荐名单的详细资料。企业可通过推荐人了解新客户的详细资料，如姓名、性别、年龄、文化程度、电话、所在公司职务、收入、兴趣喜好等相关信息。

④评估并过滤推荐名单。将搜集到的潜在客户信息与推荐人共同讨论，了解、分析潜在客户的购买需求。

⑤立即拜访最可能购买产品的潜在客户，开始新一轮客户接触准备。接触、面谈、推介、成交、售后服务→新客户成为老客户→向老客户要求推荐名单，这是一个不断循环的过程，所以我们常常说一个项目销售的结束又是一个新的开始，周而复始，是一个生生不息的良性循环。

⑥迅速与推荐人联络，把与潜在客户商谈的结果告诉推荐人，因为推荐人可能比销售员更急于了解他所推荐的名单是否有价值。与潜在客户商谈结果会直接或间接影响到企业日后的客户关系发展。

4. 关于微信公众平台后台的管理与运作

微信公众平台怎么使用？现根据微信公众平台现有功能进行举例说明。

具体如下：

图 5－1

以上编辑的内容只是一些简单的图文展示，如果想要发布可以带链接的图文，那么就需要在“素材管理”里面进行添加，然后发布。

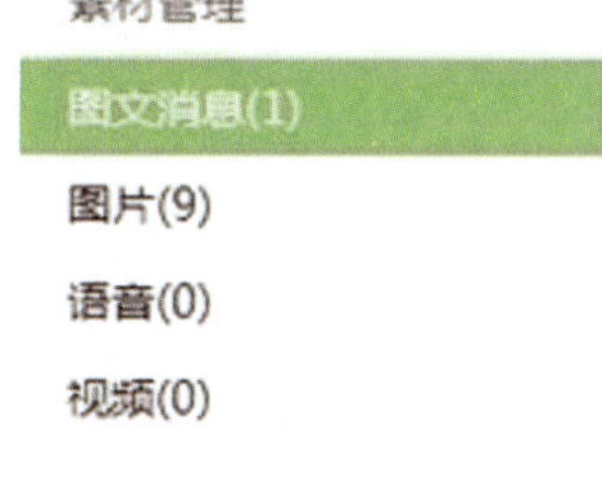

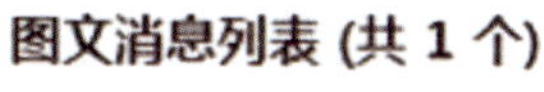

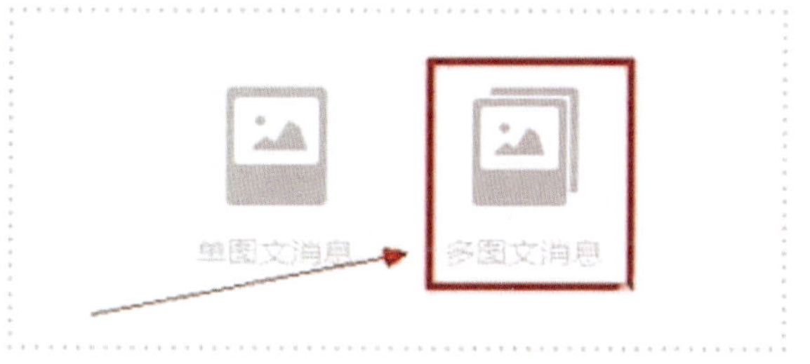

图 5－2

进入“素材管理”界面之后，需要设置封面图片和标题，然后上传指定大小、格式的图片，最后输入标题和内容即可。

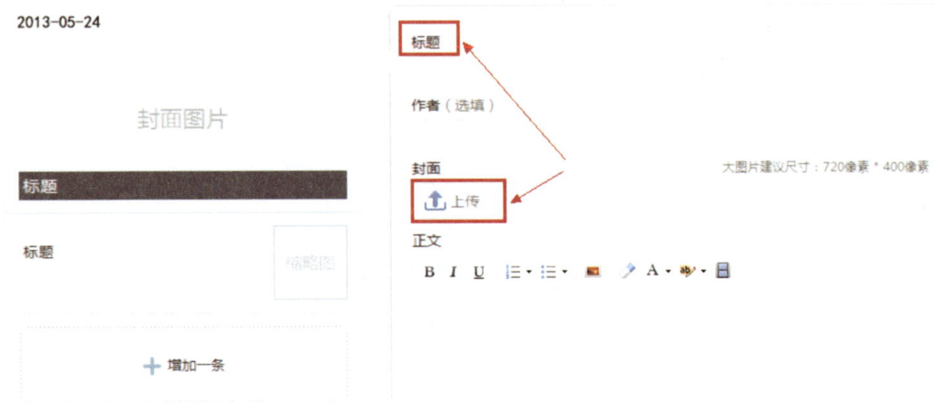

2013-05-24
封面图片
标题
标题
缩略图
增加一条
标题
作者（选填）
封面
大图片建议尺寸：720像素 * 400像素
上传
正文

图 5－3

内容编辑部分可以添加指定内容。在大图（封面图）下面开始会有一个“标题”和“缩略图”，鼠标移动上去就可以编辑。如要增加内容，可以点击下面的“增加一条”。

图 5－4

太图下面的标题比较重要，标题和缩略图要选择好。图文的内容可以加一些文章，关键是要加入文章的链接，这样微信用户点击标题就可以直接进入你指定的网站了。

图 5－5

图 5－6

发布编辑好的图文需点击进入“群发消息”，接着进入“图文消息”，

然后再选择你编辑好的图文，点击发送并确定即可。必须注意的是，一天只可以发布一条群消息。

群发消息

新建群发消息

已发送

群发对象： 全部用户　性别： 全部

群发地区： 全部

文字　语音　图片　视频　图文消息

图 5－7

图 5－8

信息发送效果展示：

图 5-9

（四）微信营销的实用技巧

1. 查看附近的人，吸引消费者

签名栏是微信营销运作的一大利用点，用户可以随时在签名栏上更新自己的个性签名。有许多用户利用个性签名植入强制性广告，这样是有一部分用户可以看到，但是这种单调的硬性广告，通常只有用户的联系人或者好友才能看到。那么，有什么方式可以让更多的陌生人看到呢？结合微信的另一个特色应用——利用地理位置定位的“查看附近的人”，便可以做到这一点。

在微信导航栏中，有一项叫做“找朋友”，里面有个“附近的人”选项，用户点击后可以根据自己的地理位置查找到周围的微信用户。

图 5－10

试想一下，如果你雇佣一批人在后台 24 小时运行微信，然后在人流量最密集的几个地方蹲点或者溜达几圈。如果查看“附近的人”者足够多，这个广告效果恐怕不会比部分地区的户外广告效果差，这个简单的签名栏就会真的变成移动的“黄金广告位”。

2. 打造品牌公众账号

申请公众账号之后，可在“设置页面”对公众账号的头像进行更换，建议更换为店铺的招牌或者 LOGO，大小以不变形、容易辨认为准。此外，“用户信息”一栏则填写店铺的相关介绍。“回复设置”的“添加”被添加自动回复、用户消息回复、自定义回复三种，企业可以根据自身的需要添加回复内容。建议企业对每天群发的信息做一个安排表，准备好文字素材和图片素材。

浅海鱼食府一般推送的信息是最新的菜式推荐、饮食文化、优惠打折、养生知识，天气查询等方面的便民服务。粉丝的分类管理可以针对新老顾客推送不同的信息，同时也方便回复新老顾客的最新提问。一旦这种人性化的贴心服务受到顾客的欢迎，触发顾客使用微信分享自己的就餐体验进而形成口碑效应，对提升企业品牌的知名度和美誉度有极佳效果。

图 5－11

图 5－12

3. 主打官方大号、小号助推

官方大号指的是自己微信公众平台的主账号，主要用来认证。

小号指的是通过自己的 QQ 来注册得到的另外一个平台，用来配合大号，主要用于刊登商业广告。

以前很多企业在尝试做微信营销的时候都是采用小号，签名内容直接设置为广告语，然后再寻找“附近的人”进行推广。这种方式在一定时期内还是有用的，但只适合在初期使用。企业用微信公众平台可以打造自己的品牌和 CRM。在粉丝达到 500 个之后，以申请认证的方式进行营销更有利于企业品牌的建设，也方便企业推送信息和解答消费者的最新疑问，更重要的是可以借此免费搭建宣传平台。小号则可以通过主动寻找附近的消费者来推送大号的引粉信息，以此将粉丝导入到大号中统一管理。

浅海鱼食府以若干个小号在广州各繁华商圈进行“打招呼”，再通过小号导入公众平台大号统一管理，操作方便，效果明显。

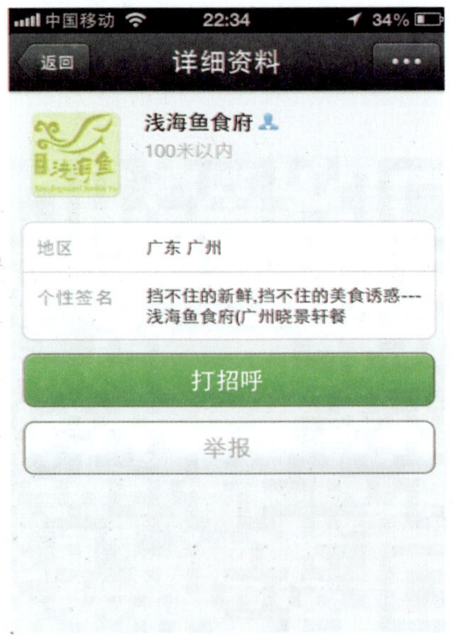

图 5－13

4. 实体店面同步营销

实体店面也是充分发挥微信营销优势的重要场地。在店面宣传资料中添加二维码并采用会员制或者优惠的方式，鼓励到店消费的顾客使用手机扫描，一来可以为公众账号增加精准的粉丝，二来也可积累一大批实际消费群体，对后期微信营销的顺利开展至关重要。店面能够使用到的宣传推广材料都可以附上二维码，当然也可以独立制作 X 架、海报、DM 传单等材料进行宣传。

浅海鱼食府让顾客通过扫二维码免茶位费的优惠政策，引导店面 90% 以上的客流关注浅海鱼食府微信公众平台，达到线上线下互动，增强客户黏性与关注度，方便进一步进行营销推广。

图 5－14

5. 开展顾客签到打折活动

微信营销比较常用的就是以活动的方式吸引目标消费者参与，从而达到预期的推广目的。以签到打折活动为例，企业可制作附有二维码和微信号的宣传海报和展架，配置专门的工作人员现场指导到店消费者使用手机扫描二维码。消费者扫描二维码并关注企业公众账号后即可收到一条确认信息（在此之前企业需要提前设置好被添加的自动回复），凭借信息在结账的时候享受相关优惠。为了避免顾客消费之后就取消关注的情况发生，企业还可以在第一条确认信息中说明后续的优惠活动，使顾客能够持续关注并且经常光顾。

浅海鱼食府每月都会举办一场主题活动，如 5 月份的鲜文化节、6 月份的品鲜会、7 月份的激情畅饮，每次都会制定不同的活动规则，以多元化的主题活动不断满足客户的用餐需求，使客户得到更多实惠，形成一定的忠诚度，从而达到顾客满意、企业盈利的双赢效果。

图 5－15

（五）微信营销常用的七种推广方法

微信推广是现在很多企业和个人都非常关注的问题，而微信平台本身也在不断发展创新，所以，如何做好微信营销将是一项持久性的工作。

以下就现阶段七种比较实用的微信营销推广方法作简单说明。

1. 软文推广

软文推广比较适合品牌企业推广自己的微信公众账号，自媒体类公众号也比较适合用软文方法推广。企业可将软文发布到互联网平台上每天点击较大流量的网站，以吸引粉丝关注。这一方法的重点在于软文的质量，还有发布软文的平台。

2. 微信推荐

虽然微信目前禁止用户之间互推，但是适当地推荐公众账号还是可以的，不过互推过程中需要把握好尺度，否则被误判为互推就比较麻烦。

3. QQ 推广

简单地说，可以利用微信小号加 QQ 好友的微信，然后再将微信小号的好友转化到公众账号上。这样就可以先加目标人群的 QQ，相当于你的客户既是你的 QQ 好友，又有机会成为微信粉丝，一举两得。

4. 利用已有资源推广

如果企业本身已经积累了大部分客户资源，那么接下来应考虑如何引

流，如何在自身现有的平台上去作宣传，在自身网站上、微博上、产品宣传上、资源整合上等，都可以做适当的资源推广工作。

5. 活动推广

活动推广比较适合品牌企业微信公众账号的推广，可分为线上推广和线下推广。例如，通过互联网与微信活动相结合，在官方网站上放置企业的公众账号二维码；微博上发起活动，一旦关注就有机会获得活动礼品；在微信里发起活动，介绍身边的朋友即可获得折扣礼品等。

浅海鱼食府推广自己的微信公众账号时，推出活动：每个来的客人扫描浅海鱼食府二维码即可享受免茶位费或送精美小吃一份。

6. 微信小号助推

利用微信本身的资源来推广公众账号是比较容易的方法，也是大部分人都在使用的方法。小号通过“附近的人”或“摇一摇”与找到的人打招呼吸引关注，然后与关注的好友建立信任，再直接推广或引导到大号服务营销。

7. 以推送内容为主，实现自然快速增长

现在很多企业公众账号是可以实现关注自然增长的，每天增加几十个甚至上百个粉丝都是可以实现的。如何实现自然快速增长呢？有如下两个方法：

①取一个好的名字，重点是名字中的关键字，然后认证微信号，如果微信排名靠前，那么被微信用户搜索到并实现关注的概率就比较大。

②对推送内容精心筛选，以客户感兴趣的话题或活动引爆为主，好的内容，粉丝会主动分享到朋友圈，这也是吸引粉丝自动关注的重要途径。

（六）微信营销的效果评估

经过系列的微信营销活动，企业应该如何去评估营销效果呢？是不是微信公众平台的粉丝越多，效果就越好？从哪些地方可以看出传播效果？客观评估又有一些什么指标？可以说，如何辨别、分析营销的有效程度并进行下一步营销推广活动，是企业做好微信营销的前提。企业在进行微信营销之前，首先应该有明确的营销定位，比如，企业是以微信营销来进行品牌传播、CRM 客户管理还是产品推广等等，只有明确了微信营销的定位，才能作出客观的营销分析和效果评估。

8 月 29 日，微信公众平台功能再次更新，增加了数据统计功能，对比之前，数据统计功能的推出可以弥补评估中主观臆断的偏差，可以更直接客观地了解到客户关注的信息及需求，可以有效帮助企业建立一套完整的效果评估标准。

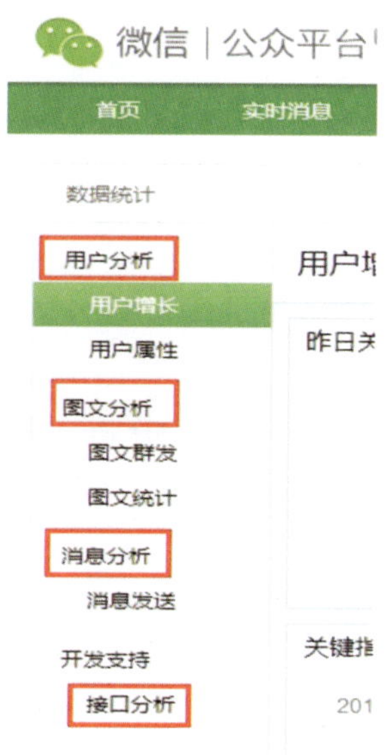

图 5－16

通过这个工具，我们可以获取一些重要的数据指标，包括：用户分析、图文分析、消息分析，接口分析，利用这些指标可以看出微信平台的运营基本效果。

1. 用户分析

主要是针对平台订阅用户的分析，包括用户新增人数、取消关注人数，净增人数。通过此数据，可以看出平台的推广效果。

图 5－17

另外，还可以通过“用户属性”，分析出平台订阅用户的年龄、性别以及分布情况：

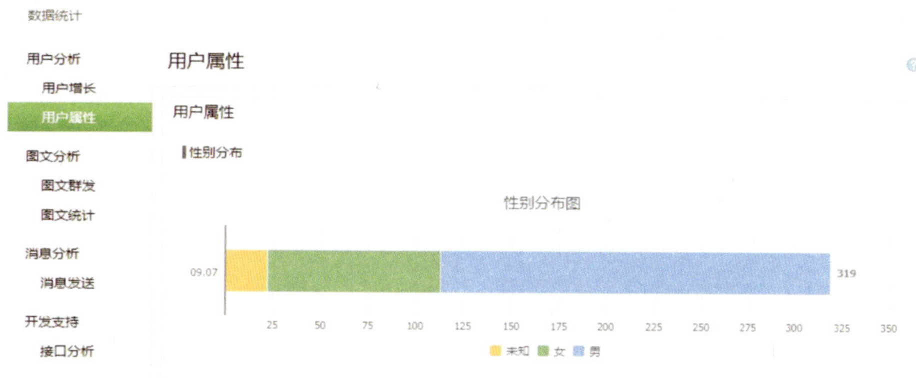

图 5－18

2. 图文分析

通过图文分析，可以查看群发的图文信息的图文页、原文页的阅读人数、人次以及原文转化率、分享次数等，从而可以对推送的内容质量进行判断。浏览量越高，分享次数越多，传播效果越好。

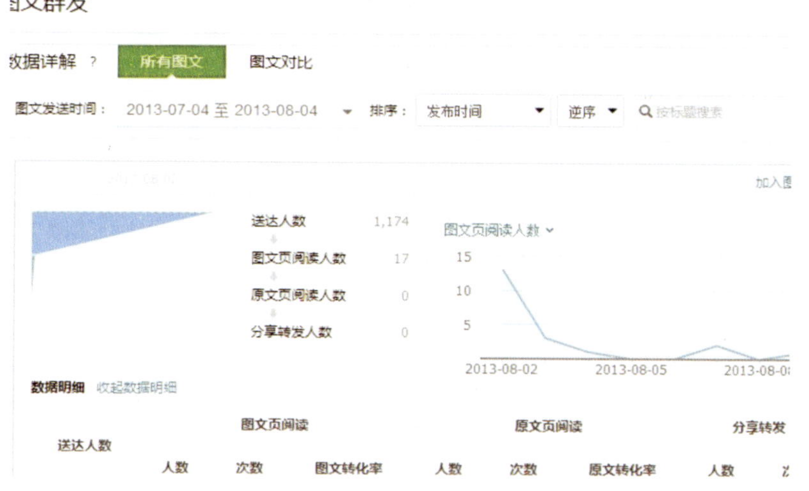

图 5－19

图 5－20

3. 消息分析

主要是统计平台内客户的互动，通过消息分析可以评估公众平台和订阅用户的互动情况。

昨日关键指标

消息发送人数	消息发送次数	人均发送次数
2,197	4,277	1.9
日 ↑64.7%	日 ↑82.4%	日 ↑10.7%
周 ↑209.4%	周 ↑246%	周 ↑11.8%
月 ↑6557.6%	月 ↑8125%	月 ↑23.5%

图 5－21

4. 接口分析

通过接口分析，可以评估出公众平台的接口是否适合订阅用户的需求。

数据统计

用户分析
用户增长
用户属性
图文分析
图文群发
图文统计
消息分析
消息发送
开发支持
接口分析

接口分析　日报

昨日关键指标

调用次数	失败率	平均耗时(毫秒)	最大耗时(毫秒)
27	0	122.96	451
日 ↑92.9%	日 --	日 ↓9.4%	日 ↑55%
周 ↑125%	周 --	周 ↑7.2%	周 ↑81.9%
月 ↑200%	月 --	月 ↓83.7%	月 ↓89.8%

关键指标详解　调用次数　失败率　平均耗时　最大耗时

2013-08-09 至 2013-09-07　7天　14天　30天　按时间对比

图 5－22

除了上述四种数据统计功能分析以外，企业还可以通过分析客户的功能使用情况、消费转化率等来进行有效的效果评估。

功能使用情况：企业微信平台功能是吸引客户关注的一个重要因素，功能受欢迎程度的情况决定了客户对于企业微信公众平台的依赖程度。企业可根据微信营销的定位及客户的需求开发植入相应的功能，例如，营销功能、展示功能，服务功能等。营销功能，例如浅海鱼食府利用微网站技术的开发，可直接让客户进行点菜订单；展示功能，可以展示企业产品并进行详细说明；服务功能，就是植入一些便民的服务内容，如：天气预报、交通信息、附近餐馆查询等。通过功能使用情况的分析，可以了解客户的接受情况。

消费转化率分析：通过前期的服务，统计微信平台对提升企业的业绩的帮助或者进行潜在客户分析，也就是客户消费转化率，如对购买产品数量、金额，类别等进行统计。

（七）如何制定企业微信营销的绩效考核标准

结合企业微信营销的定位，管理者如何衡量推广的有效性并进行绩效考核，是当下大部分企业及管理者在做微信营销过程中常见的困惑。根据浅海鱼食府及市场调查的数据对比，我们总结出以下数据，供企业微信营销 KPI 考核参考：

①信息有效到达率在 93% 以上。

信息有效到达率是用户接收到企业公众平台推送的信息并收到提醒占总用户的比例。一般来说，只要用户关注了企业微信公众平台，信息到达率是 100%，但为什么在这里说企业 93% 以上就合格了呢？根据浅海鱼食府的运作研究发现，通常影响信息到达率有如下三个因素：a. 少部分用户在经常接收到企业推送信息时，可能会选择设置拒收公众号的信息。b. 目前手机品牌及应用系统版本良莠不齐。国内手机用户数量庞大，据不完全统计，至少有上百个手机品牌及上千个系统版本，不同品牌、不同系统版本的手机对微信应用的运行加载程度是不同的，因此，可能会出现接收不到某些信息的情况。c. 微信用户的活跃度不同。据微信官方数据显示，目前，微信的用户量已达 4 亿，日均活跃用户高达 2 亿。也就是说，至少还有部分不是每天都登陆微信的，只有这部分用户登陆了微信收到企业推送的信息提醒才算是有效到达。上述三个因素都是影响信息有效到达率的主要因素。

②信息阅读率在 75% 以上。

信息阅读率是用户阅读占总推送用户的比例。一般来说，用户打开微信查阅内容的时间是闲暇非工作时段，大部分用户的活跃时段是早上上班前、中午和夜间下班饭后，所以说，推送时间的正确是十分重要的。另

外，不同的客户群体对不同属性的产品用户的关注度和活跃度是不同的，因此，推送的内容是否合乎用户兴趣也会影响到信息的阅读率。用户对于订阅号推送的信息，直观上会先留意推送的内容标题、配图和内容概要，这一方面更能影响阅读率。在内容运营上，我们建议推送信息标题在 12 个字符以内，概要在 75 字符以内为宜，配图要紧扣主题，同时吸引用户眼球，与概要相得益彰，这样才能吸引用户点击阅读信息。

③用户活动参与率在 18% 以上。

用户活动参与率是用户参与互动占总推送用户的比例。通常情况下，可以在微信公众账号设置问答功能或者推荐好友圈分享转发，通过公众平台后台可以看出互动的用户量，如：推送信息用户量为 100 名，以用户在线问答或推荐好友圈分享转发的形式，在实时消息或次日数据统计功能分析可以看出结果。

④推广期间关注用户复合增长率在 10% 以上。

用户复合增长率是指在特定时期内的用户增长量占总用户的比例。例如，公众号目前有 500 个订阅用户，每三天推送一条信息，三天内，用户增长 50 个即为合格。在微信公众平台关注用户量较少时，用户关注更多的是通过微信平台以外的综合推广手段来进行引流的，例如通过户外广告、纸媒体投放、微博、企业官网、QQ、社区论坛、行业门户网站等进行推广，在企业没有活动推广，只有正常图文信息推送时，此时用户增长率应该是以正常图文信息推送期间的增长量来核算。

第六章 微信营销在商业应用中的优势

（一）微信营销在商业应用中的五个优势

1. 交流方便，用户体验好

微信本身就是一种更加快速的、方便实用的、即时传递的智能通信工具，它实现了商家与客户跨时空、跨平台的沟通，显示实时输入状态，信息接受率高达 100%。在其运作过程中可以发送文字、图片、语言及视频信息，也可以群聊，陌生人也可从中得到分享，并可节省大量的通信费用，深受用户的欢迎。

2. 快捷精准，订供货一步到位

在商家与客户之间、客户与客户之间实现了快速实时的对话，实现一对一、一对多的文字、图片、语音及视频准确无误地显示与传递，目标定位精准，信号到位，反应及时，整个营销过程的准确性得到充分的体现，客户的订货、商家的供货做到一步到位、准确无误，并可采用货到付款的形式来完成支付。

3. 低成本、高效率，立竿见影

微信营销运营成本低，零资费（享受“免费午餐”），商家只需注册公众账号，建立网站平台，配备少量后台操作人员，即可运作起来与客户进行对话、业务洽谈及成交，过程十分快捷简便，收到立竿见影的营销效果。

4. 微信营销让人际关系网更亲近

微信营销公众平台建立后，其创新性的功能，图文、语音、视频即时分享，可呼唤和吸引原来的老朋友和周边的新客户，使人际关系网更亲近、更庞大，让朋友及客户之间的交流互动更加方便快捷，在亲密无间的关系中完成产品销售。

5. 微信营销平台的良好运营将赢得丰厚利润（前向收费，后向收费）

微信营销帮助企业实现低投入、快产出、高收益，体现了微信公众平台多元化且内涵丰富的商业模式。前向收费，就是面向消费者，以货到即付款而盈利的方式，企业可开展多姿多彩的促销推广活动，吸引新老客户参与，提高市场占有率；后向收费，指在对广告主的招商上通过不同的合作方式和服务形式，使企业和广告主受到青睐而获得回报收益，企业可利用多媒体和实体店铺进行互动，并利用新技术、新方法获取微信营销带来的便利和丰厚利润。

（二）微信营销有利于企业的营销分析

营销分析是指企业、商家在各个时间周期，对各个营销区域的各项销售工作进行的总结、分析、检讨及评估，并对下阶段的营销工作提出修正建议，对某些区域的营销策略进行局部调整，甚至对某些区域的销售目标计划予以重新制定的分析决策过程。

微信营销完整覆盖了从接触用户、用户沟通交流、用户下单到不断维系用户关系的商品消费生命周期，商家可以通过这一系列的用户活动进行消费者行为模式分析，以更有效地支持企业、商家的未来营销决策。

1. 消费者行为模式分析

消费者行为模式包括以下主要因素：

①市场营销的刺激：产品、价格、渠道、促销。

②其他方面的刺激：经济、技术、政治、文化。

③购买者的特征：文化特征、社会特征、个人特征、心理特征。

④购买者的决策过程：确认需要、信息收集、方案评价、购买决策、购买后行为。

⑤购买者的决策：产品选择、品牌选择、渠道选择、购买时机和购买数量等。

通过在微信营销过程中广泛采集用户行为信息和互动，可以迅速深入地回答谁是购买者、买什么商品、为什么买、如何购买、购买时间、沟通的位置等一系列商家迫切需要回答的问题。

2. 微信营销对营销分析的促进作用

（1）分析产品，适应目标消费者

一些企业，特别是中小企业在开发产品时，基础工作做得不扎实，不是缺少个性、盲目跟风，就是产品适应度低，没有竞争力。还有一些企业把产品当作人民币，以为在国内任何地区都可以畅通无阻。对产品的分析，其中一项主要的因素是消费者对产品的关注度与喜好度。一般来说，广告投入多，消费者的关注度相应也高，但关注度高不等于喜好度高。因此，当产品的品牌知名度与消费者对产品的喜好度产生较大差异时，就应当尽快查找差异产生的原因，使局面尽快得到扭转。这方面可以通过微信营销中发生的用户关注、访问、注册、咨询、购买和重复购买等行为来进行数据分析，以判断趋势，并根据变化及时作出调整。

（2）分析价格，促进消费需求

产品的价格在市场营销上一直是个敏感点。在“价格战”成风的市场现实中，任何一种价格的变化，都应当是事出有因的。而这个“因”，必须通过严谨的调查、周密的分析才能得出，而不是随意而为。除了要想办法了解竞争对手情况外，还应当掌握同类产品在同一分店、同一区域内的销售变化，以及消费者在选择产品时对价格因素的反应。传统的方式是选择几个有代表性的销售终端，在特定的日子派销售人员现场蹲点作观察记录，以获得相关资料。但现代的做法是采用电子商务市场营销，在线上迅速地了解和统计来自消费者的第一手准确资料，而微信营销正是其中的代表方式。这样，对产品价格的分析和判断更趋于理性而排除掉感性成分，便于综合分析和全面判断。

（3）分析广告与促销，推广出销量

推广与促销是企业营销费用投入最多的两个方面，而这两大投入的有效性如何，直接影响着企业的营销结果。因此，对营销推广和促销工作的效果分析，是整个营销分析中的重头戏。

对广告部分的分析，主要应体现在：①广告表达方式和诉求点选择是否到位。②媒体的选择、投放的位置是否准确。③投放量是否适宜。

推广活动和促销活动的效果分析主要体现在：①推广活动的受众面，其效果如何，主要体现在参与活动的消费者的多与少，以及参与者对活动本身的反应上。②促销活动的“促销”效果，既要看产品销量的增长与否，以及促销活动的投入与产出之比，还要看消费者对促销形式的反应及接受度。

传统的方式是商家通过现场、大卖场的摊位来推广，通过报纸、杂志、电视、广播等媒体来卖广告。但现代的做法是：商家从线下逐渐转到线上，以达到O2O（线上线下融合打通）的效果。微信营销就是其中一种成本更低，传播更快，更精准便利的推广和分析方式。未来，商家在微网站、微落地之后，可以进一步进行微分析，高效地进行不同品类之间的横向对比分析、与对手的竞争分析、交叉营销分析和定制化营销分析，并简化数据采集和分析渠道，大大提升运作和决策效率。

第七章

微信5.0促进微信营销的新发展

（一）微信 5.0 功能介绍

2013 年 8 月 5 日，腾讯公司正式更新发布了微信 5.0 系统，新的系统不但改变了人们之前的生活方式，全面提升了用户对微信平台的依赖性，也给企业提供了新的营销变革。以下就是系统新推出的功能简介。

图 7－1

图 7－2

1. 强化扫描功能

微信 5.0 大幅度强化了“扫一扫”功能，新增加了扫描条码、图片、街景和文字等。用户可以直接对附近街景进行扫描，了解自己所在区域以及附近地区信息，作为导游软件；可以扫描条形码，以及图书、DVD 和 CD 的封面，了解相关信息，为用户实现在线购买产品作铺垫；可以直接对外文进行扫描，微信直接进行翻译。

街景及翻译扫描示例：

图 7－3

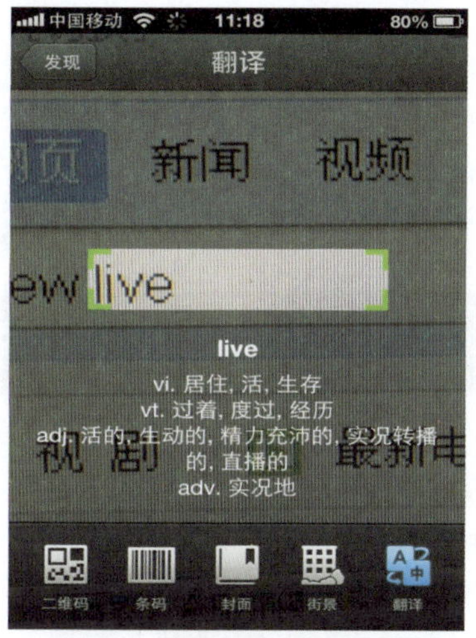

图 7－4

商品扫描及性价比示例：

图 7－5

图 7－6

顾客根据扫描结果有针对性地了解具体资讯，择优挑选产品。

2. 移动支付悄然上线，演奏移动端支付的新篇章

用户可以通过扫描二维码的形式进行支付，在微信上完成上网浏览、搜索、比较、下单、支付整个购买行为。

充值及支付示例：

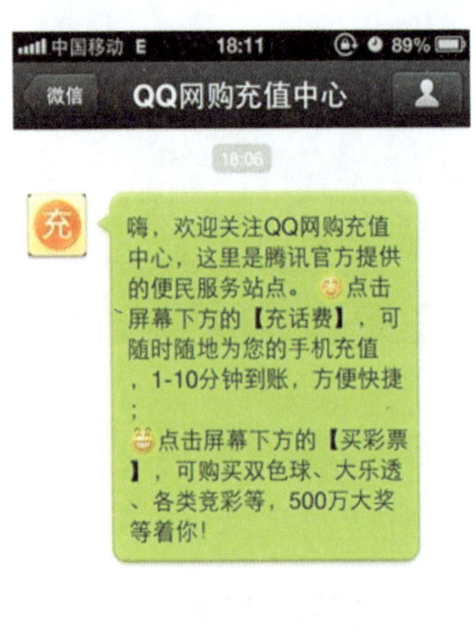

图7－7

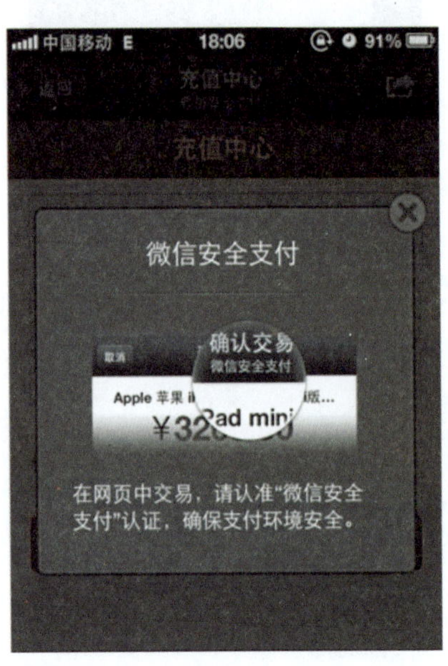

图7－8

目前浅海鱼食府在现有的微信营销基础上，将推出电子钱包服务，在手机上实现在线订餐、客服、结算、支付等一条龙服务。

图 7－9

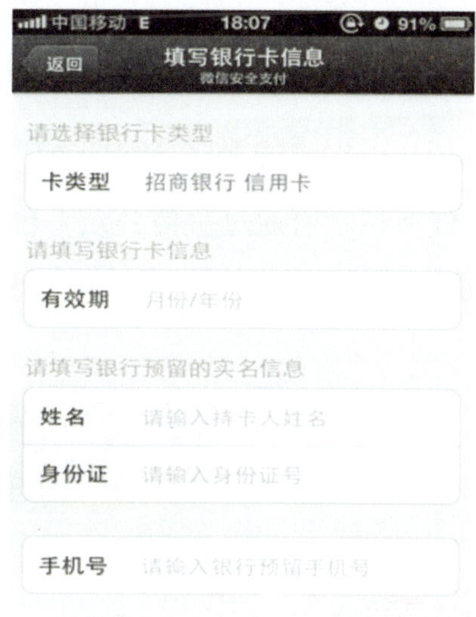

图 7－10

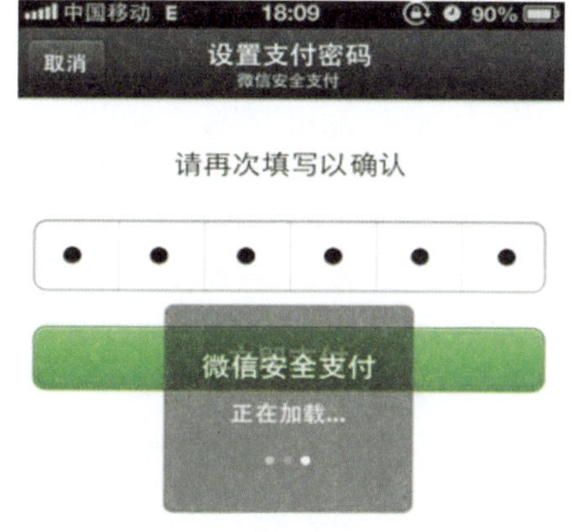

图 7－11

图 7－12

3. 增加收藏功能

用户可以将聊天信息和朋友圈消息收藏，以备随时查阅。

浅海鱼食府通过微信公众平台信息推送到消费者，然后消费者可以对感兴趣的“夏季养生”链接进行选择性的收藏。

图 7－13

4. 操作界面升级优化

微信 5.0 推出快速语音识别、订阅号整体折叠二级页面、更简洁的阅读操作、双击查看最新消息、“按住”添加朋友、社交属性的用户界面等。通过订阅号双击可查看最新消息；打开“通讯录”，按住右上角的“+”键，便可搜寻添加朋友。

图7-14

图7-15

5. 表情商店

微信5.0推出收费表情，主要提供一些海外比较知名的表情下载，使聊天内容更加生动有趣。这同时也是第三方机构或设计师赚钱的新渠道。

图7-16

6. 游戏应用中心

这是腾讯移动游戏平台的组成部分，目前上线的两款手机游戏是《经典飞机大战》与《天天爱消除》。用户可以在游戏中心直接下载并启动游戏，游戏过程中可以与微信、QQ 好友同步互动，并查看朋友圈中的游戏排行榜。

图 7－17

图 7－18

（二）微信 5.0 的八大隐性功能

微信 5.0 除了以上介绍的几项新增功能外，还有部分隐藏起来的小“秘密”。

①双击界面底部的“微信”，就能快速定位到顶端查看未读消息，此功能可以有效帮助用户避免信息漏读。

②打开微信对话窗口，双击好友发送的长篇文字，就能全屏大字阅读，更为方便快捷。

③双击或长按已发送或接收的语音消息，可快速切换扬声器与听筒模式。永久切换扬声器模式和听筒模式，在“我”→“设置”→“通用”里。

④读完图文消息，右滑屏幕就能马上返回。

⑤微信网页版，在手机客户端的“发现”→“扫一扫”里。

⑥公众号搜索并关注“我的印象笔记”，可永久收藏微信消息，各种微信消息都能转发至此保存，以后在手机和电脑的“印象笔记”中随时取阅，比微信自带的收藏功能好用。

⑦前期微信的字体只有小、中、大三种选项，微信 5.0 添加了“超大”号，在“我”→“设置”→“通用”中，方便了老年人的使用。

⑧语音可以直接转成文字。在聊天界面点击文字框右边的“＋”号，选择输入类型的最后一个“语音输入”，点击麦克风开始说话，识别完成后，就会变成文字显示在输入框中。

（三）微信 5.0 支付方式

目前，微信支付方式分为两种：

①通过绑定银行卡进行快捷支付。快捷支付主要针对有购买需求却未绑定银行卡的用户，在支付过程中可以完成绑定，之后再购买其他商品，便可以实现快速支付。

②通过传统的财付通快捷支付。需要在网上注册财付通账号，并绑定银行账号。首次使用的用户也要先在微信上绑定银行账号，设定支付密码，方可进行支付。

微信 5.0 自 2013 年 8 月 5 日推出至今，大部分公众账号尚未实现支付功能，只有通过腾讯认证的商户才可接入微信支付。微信支付入口隐藏得很深，一般用户不容易找到，使用微信客户端的微信支付功能目前看来显得有点麻烦。

进入微信应用，点击“发现”菜单，再点选“扫一扫”二级菜单，使用二维码、条码、封面扫描对应的商品，即可获取商品信息及微信合作商户提供的商品购买页面。

（四）微信公众平台订阅号主要功能和权限

微信 5.0 版本发布后，公众平台用户的账号被默认为订阅号。微信公众平台订阅号，主要是提供信息和资讯，一般媒体用得比较多。

5.0版本的微信公众平台订阅号主要功能和权限如下：

①微信公众平台订阅号每天都可以群发一条信息。群发的信息直接出现在订阅号文件夹中。

②订阅号群发信息时候，手机微信用户将不会收到像短信那样的消息提醒。

③在手机微信用户的通讯录中，订阅号将被放入订阅号文件夹中。

（五）微信公众平台服务号主要功能和权限

简而言之，服务号主要是给客户提供服务的。一般银行和企业做客户服务用得比较多。用户可以对默认的订阅号进行升级，成为服务号。

微信公众平台服务号的主要功能和权限如下：

①可以申请自定义菜单。

②服务号一个月只能群发一条信息。

③服务号群发信息的时候，用户手机会像收到短信一样接收到信息，显示在用户的聊天列表当中。

根据以上分析可以看出微信公众平台订阅号和服务号还是有一定区别：

①服务号可以申请自定义菜单，而订阅号不能。

②服务号每月只能群发一条信息，订阅号可以每天群发一条消息。

③服务号群发的消息有消息提醒，订阅号群发的消息则没有，并直接放入订阅号文件夹当中。

（六）微信 5.0，一盘很大的棋

经过两年多的发展，微信的用户从 0 增加至 4 亿，微信 5.0 的诞生可能会引领其成为用户个人信息中心的新趋向，将平台转向实实在在的商业化，进一步带动微信营销的新发展。对于企业商家来说，微信用户扫描商品有可能被引导出在线购买和支付行为，扫描街景有可能被引导到本地化服务，扫描文字有可能用来做用户行为分析和推荐等。微信未来将成为移动互联网、移动电子商务上最大的入口，成为一个虚拟世界与现实世界沟通的 O2O 工具。

我们还是以浅海鱼食府为例，设想未来基于微信 5.0 的应用场景和创新模式。

用户在浅海鱼食府附近通过手机搜索出周边几家餐饮单位，但又不知道如何选择，此时微信平台就像用户手中的移动活地图——用户先扫一扫他附近的街景，微信将自动识别用户所在的位置并推荐附近的餐厅，如果结合用户的饮食喜好如口味、菜式、地方风味和环境要求等，还可以进一步缩小推荐的范围。同时用户可扫一扫餐厅的微信公众账号及相应的二维码，并对餐厅进行关注或注册成为会员。餐厅列出菜式清单、推荐的时令菜品及促销菜品，用户可以扫一扫菜品的名称、照片，价格等与其他餐厅进行比较，并获得其他消费者的点评推介。

选择好餐厅之后，用户可以通过微信与银行连接的支付平台进行充值、预订，通过手机钱包进行在线支付，当用户到达餐厅的时候，就可以马上享受美食。这样一方面提升了用户对微信的消费体验，帮用户节约了时间和消费成本，另一方面降低了餐厅的营销和经营成本。

商家可以针对不同消费者的喜好进行分析，进行差异化、定制化销售，可以返还更多的折扣，让利给线上的消费者，同时商家之间的菜品质量、价格的比较、消费者的点评推介反过来也推动了餐厅进一步对菜式创新和提高服务质量。

这种线下到线上的经营模式，虽然一开始用户与餐厅的互动只是在网上发展，看似远，实则更近，它大大拉近了商家与消费者的距离，双方真正见面前其实已经在进行沟通交流，比在街道上通过发传单把用户拉入餐厅容易、有效率得多，这是未来一种商家与消费者实现共赢的最佳模式。对于餐饮企业来说，你再也不用担心消费者记不住你有多少分店，哪一家离他们最近，因为顾客只要扫一扫自己的位置，微信就会推荐离他最近的一家店。此时你可以推荐最新的产品或服务、优惠活动或知识性的内容。除了优惠信息的推送之外，借助微信还可以实现在线预订下单、服务咨询、客户关系营销等诸多功能，具体效果请参阅第八章中的浅海鱼食府营销实例。

图7－19

随着移动终端的大量涌现，营销的终端已经涌现了移动销售、手机电子钱包在线支付等新颖的模式，在后端则正在大力发展云计算、物联网、大数据分析等后台骨干支持设施。而微信营销正是贯通销售终端与商家后端，贯通线上到线下电子商务领域的一个直接、高效的整合渠道，它可以通过信息科技驱动有效的客户关系管理，实现媒体信息展示、个性化需求订制、朋友圈关系链管理、基于地理位置的线下商家搜索、线下数据分析和商业决策指导、基于用户行为分析的精准推荐等。

现代企业谁结合了新技术在商业模式中创新，找到一条全新的企业经营方向和方法，谁就将在未来的企业发展和竞争中占得先机！

第八章

浅海鱼食府微信营销案例解析

（一）案例概况

浅海鱼食府为广州晓景轩餐饮管理有限公司属下餐饮酒家，主要是经营潮汕菜系的餐饮品牌，坐落于广州市珠江新城中心地带的广州赛马场食街内，主要开展商务宴请、家庭朋友聚餐等业务。

图 8－1

图 8－2

由于前期经营状况不景气，浅海鱼食府于2013年年初聘请广州牛力公司为其策划并代运营，应用微信营销手段引入客流，引导消费，取得了明显效果，并成功实现业绩倍增，成为目前餐饮行业内在市场低迷的状态下利用微信营销成功的典范案例。

（二）浅海鱼食府的整合营销方案

根据对浅海鱼食府前期经营情况的了解与分析，牛力公司达成了与浅海鱼食府的深度合作，并从连锁店市场研究、产品企划、店面形象建设、市场营销体系、品牌推广等方面协助浅海鱼食府进行系统化品牌推广及企业建设。下面是牛力公司线上线下营销方案的全方位剖析。

1. 资源整合

项目		工作内容	工作成果说明
资源整合	资源研究	①品牌营销的契机和价值诉求 ②微信营销目的，经营目标 ③菜品、管理、营销和行业态势的研究	形成《企业资源分析》
	信息研究	①关联品、竞争对象技术研究 ②成功餐饮品牌成长研究 ③创新餐饮品牌形象战略研究	

2. 餐饮出品企划

<table>
<tr><th colspan="2">项目</th><th>工作内容</th><th>工作成果说明</th></tr>
<tr><td rowspan="3">产品企划</td><td>餐饮食品特征研究</td><td rowspan="3">①餐饮特色、时尚潮流、形象规范、设计延伸等多方面的研讨和限定，以及产品的规范化体系
②制定具有明确特色的产品体系，让产品“定位合理、方向明确”</td><td rowspan="3">形成《出品企划总案》</td></tr>
<tr><td>餐饮食品卖点提炼</td></tr>
<tr><td>餐饮食品规范体系</td></tr>
</table>

3. 餐饮品牌形象

<table>
<tr><th colspan="2">项目</th><th>工作内容</th><th>工作成果说明</th></tr>
<tr><td rowspan="5">形象核心要素</td><td>1. 品牌成长基因研究</td><td>切合产品特色，以战略的眼光剖析品牌的成长要素，明确竞争力和传播力的要点</td><td rowspan="5">形成《形象传播整合方略》</td></tr>
<tr><td>2. 形象战略规划</td><td>规划品牌运营方法及战略工具，明确品牌形象战略</td></tr>
<tr><td>3. 名称提升（英文/中文）</td><td rowspan="3">①从品牌成长需求出发，研究品牌内涵文化，塑造品牌情感关联的视觉心理要素，包括影响力、亲和力、价值感、品牌气质、归属感等方面，为品牌塑造传播要素
②确立传播要素及形象载体，包括企业和品牌的传播文化</td></tr>
<tr><td>4. 品牌识别、传播研究</td></tr>
<tr><td></td></tr>
</table>

续表

项目		工作内容	工作成果说明
品牌形象系统	基础系统设计	对中文名、英文名、标志符号、标准色进行规范，完成品牌整合传播的美学要点，明确形象载体表现规范，形成形体规范、色彩规范、组合规范等共40个基本规范项目	形成《品牌VIS手册》
	应用系统设计	在产品辅料、包装物料等应用系统展开策略型设计，为品牌提供视觉素材，形成特色的、唯美的、规范的并符合品牌气质的应用物品设计。包含办公事务用品、公关礼仪用品、服饰配饰用品、交通运输用品、环境导示用品、展示卖场用品、包装物料用品、广告宣传用品等共60个常用项目	

4. 餐饮传播物料

项目	工作内容	工作成果说明
宣传推广物料设计	品牌形象策划、拍摄设计	形成企业形象
	商务形象网站及媒体片	进行网站运营
	市场终端（DM/海报/X展架/店面POP/等）	市场终端形象展示

5. 年度营销推广

<table>
<tr><th colspan="2">项目</th><th>工作内容</th><th>工作成果说明</th></tr>
<tr><td rowspan="2">年度市场推广</td><td>1. 客户体系建设</td><td>①微信营销组织结构、客户管理、营销管理、贴心服务模式、推广模式建立
②营销管理导入培训20次，每次2~4课时；每月召开管理例会1次</td><td rowspan="2">引入客流，引导消费</td></tr>
<tr><td>2. 全年次促销</td><td>5月份鲜文化节，6月份端午品鲜会，7月份激情畅饮，8月份品红酒，另外，主题周活动举办3次，在小节日促销12次</td></tr>
</table>

（三）浅海鱼食府微信营销的运作方法

1. 组建微信营销团队，开展并进行合理分工

有关微信营销团队建设，参考本书第五章，（二）如何打造微信营销团队。

2. 建立浅海鱼食府 CRM 会员管理系统

会员流失是目前餐饮企业管理者非常头痛的问题，浅海鱼食府使用 CRM 会员管理系统，使企业销售业绩最大化，营销费用最小化，同时将

顾客的身份会员化，使顾客对企业品牌产生认同感，并重复购买企业的产品和服务，提升了顾客对企业的认知度。

围绕浅海鱼食府的业务需求，会员营销服务项目以“服务消费、引导消费”为核心，“提高公司各业态售卡及消费额”为目标，实施顾客营销服务项目。在整合企业现有业务资源及顾客资源的基础上，实施客户关系管理、顾客营销管理，为顾客提供高品质、个性化的会员服务；线上线下相结合，提升了客户价值和企业市场竞争力。

（1）浅海鱼食府会员精准营销方式简介

方式一：直接发券。

持卡顾客不需要到店领取，相关系统直接把电子优惠券发送到顾客会员卡里，同时自动以个性署名短信通知顾客。此方式主要用于唤醒沉睡会员、新菜品推广、节日促销礼券的发放以及为某些特定的人群提供优惠等（可以事先筛选优惠对象并提供个性化服务）。

浅海鱼食府举办各种营销活动后，系统会自动作出报表并进行营销效果分析，活动成本及利润一目了然。

发券的作用在于：

①拉近与会员的关系。例如，庆“五一”活动，持卡会员可在“五一”前一天获赠 100 元电子代金优惠券，有效期 10 天，使用时段：每天的午餐时段（11 点至 14 点）。

②个性化、区别化营销。例如：“三八”妇女节，持卡的女性会员可在 3 月 8 日前一天获赠 98 元电子代金优惠券，有效期 10 天，使用时段：每天的午餐时段（11 点至 14 点）。

方式二：消费奖励。

顾客到店消费可参与返券活动。比如，一次性消费满 100 元返 20 元，

满 500 元返 100 元等，以此提升顾客的消费频率，带动闲时的营业额。

根据餐饮店的消费群体，可以适当地利用类似活动来提高顾客的响应率，提升营业额。

方式三：累积奖励。

顾客消费一段时间，满足一定条件后可获取奖励。比如，一个月内会员累计消费达 10000 元可赠送 188 元餐费券，以此拉动消费，压缩消费频次，提升关怀。

方式四：开卡促销。

顾客首次开卡即可获赠一定数量的积分、礼品券、代金券等。比如，顾客开卡可获赠 20 元代金券，有效期 15 天，下次消费可用以抵扣餐费。这样可以让顾客在半月内消费两次，提升了顾客的消费频率，同时也灵活了办卡的方法，为会员卡的迅速推广打下了良好的基础。

方式五：短信关怀。

可以给某些指定客户、某个筛选群体或所有会员发送带有关怀、促销、新菜品推广等信息的含顾客姓名的专属短信，做到一对一关怀。

（2）CRM 会员管理系统的使用成效

①专业的会员数据库建立。

通过 CRM 会员管理系统，浅海鱼食府持卡会员的基本信息与动态消费充值信息能够进行自动有效的整合，从而形成一个庞大而完善的会员数据库，成为企业宝贵的固定会员资产。

②销售额提升。

通过实施会员卡项目获取顾客数据和信息，寻求提升会员消费数额、消费频率的最佳手段，进而设计可行性的营销方案，进一步提高浅海鱼食府的经营效益。

③有效“融资”。

通过顾客预付储值实现企业融资，缓解现金流压力，提升企业资金运作效率，同时满足商务消费、礼品馈赠、企业福利等多方消费需求，为浅海鱼食府产品创新打下基础。

④客户保留。

保留一个老客户的成本是获取一个新客户成本的1/6，提升现有老客户的消费水平要比不断寻求新客户容易得多。浅海鱼食府对现有合作商户的经营报表分析后发现，老客户对餐饮企业的利润贡献超过该企业利润的40%。对持卡会员的消费能力和行为进行分析，找出值得保留的、对浅海鱼食府贡献巨大的客户群体，通过持续的、个性化的关怀方式来获得他们的认同，是确保浅海鱼食府生存和健康发展的重要因素。

⑤客户信息管理。

当今餐饮企业的客户需求趋于个性化和复杂化，因此，企业需要更加注重顾客的长期价值，强调顾客的满意和忠诚度。浅海鱼食府通过会员卡搜集客户的各种资料，加以过滤、文档化，有利于客户价值信息的传达、共享和创新，同时，避免企业因员工频繁流动而造成营销资源和客户资源流失。

⑥会员增值。

对持卡会员提供诸如精准营销、会员关怀、生日关怀等增值服务，实现一卡通用，内部清算，互惠互利。另外，引导现有会员享受更多的产品和服务，一方面开辟了新的收入来源，另一方面增加了会员的价值感，强化了会员的黏性和忠诚度。

（3）CRM会员管理系统为浅海鱼食府带来的超值效益

①增加企业现金流，积累会员资产。

通过售卡、积分、储值，以及种类丰富的电子会员卡、优惠券营销活动，最大化提升会员对浅海鱼食府活动的响应度，提升流水收益。另外，庞大的会员数据库将成为企业一笔宝贵的无形资产，为后期企业的规模扩张、新增店面、多元化发展乃至上市融资打下良好的基础。

②充分挖掘营销价值，提高客户满意度。

顾客群体建设、积分营销、储值营销、会员关怀营销、新会员体验营销、老会员唤醒营销、新菜品营销、新店营销、淡旺季营销、店庆营销……项目丰富的增值营销服务项目有利于促进顾客对餐厅的黏性与忠诚度，顾客的统一管理与运营也将有效延长顾客忠诚期。

③发挥企业优势，提升统一管理能力。

CRM 会员管理系统实现对浅海鱼食府各种资源的统一服务与管理，最大化地发挥集团优势，各门店共享顾客群，扩大市场覆盖面，充分挖掘市场消费潜力。工作制度与流程的制定强化了各业态、各门店、各部门、各环节的管理工作，增强了内部沟通协调能力，提高了工作效率。

④扩展品牌形象，提升企业美誉度。

通过顾客营销服务项目的有效运作，联合各业态、各门店优势资源，突出公司的整体形象，顾客对公司产品的认可度有效提高。

3. 微信公众平台搭建

通过前期的调研及策划，针对浅海鱼食府的特色，开发团队对浅海鱼食府微网站的开发做出了规划。

（1）首页

图 8－3

①首页主题清晰明了：顶部广告图画直达主题，以新鲜鱼的图片告知客户主营产品；左上角设置“浅海鱼食府”LOGO，体现公司形象；广告语“挡不住的新鲜”蕴意“海鲜、冰鲜”。

②条栏分类主次分明：从特色菜品开始，再逐一分类，最后一栏是酒水。一是食府内部使用，二是作为招商使用，收取广告费用，为公司创造收益。

③底部划为五部分：“首页”作为内部的返回页，方便客户返回；“分类”作为二级页面点菜返回，无需客户退出；“点菜”作为营销页，直接引导客户进入点菜页面，缩短客户点菜时间；“收藏”为客户喜爱的菜品，方便下次点菜使用；“更多”是菜单生成及支付的体现，是会员的注册及资料收集。

（2）分类内页

图 8－4

分类内页图文并茂，从菜名到价格一目了然，右侧上方设置了购物键及收藏键，方便客户对喜爱的菜品直接下单，增加体验度。

（3）点菜内页

图 8－5

采用自动生成菜单，并在右边设置修改键，客户可进行品种和数量的修改，直接提交可生成单次订餐，并可长期储存，方便客户查阅以往消费情况。

（4）收藏内页

图 8－6

客户点菜时，可能由于种种原因不能把喜爱的菜品全部点上，故设置收藏键，方便客户在挑选了喜爱的菜品又无法在当次消费时进行收藏，以供下次点菜使用。

（5）更多内页

图8－7

“更多内页”包含三个内容：“消费记录”、“个人信息”、“联系我们”。“消费记录”，可供客户查询以往的消费明细。“个人信息”，目的在于推动客户成为电子会员，收集客户资料，方便浅海鱼食府客服对客户做长期服务，并推动客户的再次消费。“联系我们”，是为方便客户导航浅海鱼食府位置而设，避免客户走错方位，这也是服务客户的重要体现。

浅海鱼食府通过不断提高客户体验度来方便客户订餐、用餐，经过重重的引导，让客户直行下单，满足消费者需求，达到营销目的，这是餐饮行业微信营销的创新。

4. 2013年第一季度线下活动策划

好的营销离不开好的策划，只有全方面地配合，才能事半功倍地进行

线上、线下相结合的营销策划，这就是浅海鱼食府要努力的方向。

①派单宣传，二维码吸引关注。

浅海鱼食府针对广州赛马场进出的车辆及附近小区、写字楼进行最新活动宣传。活动宣传单印有浅海鱼食府微信公众平台的二维码，业务人员派发宣传单时，不是纯粹将宣传单递给过路客，而是对浅海鱼食府及其二维码进行宣传，并让过路客现场对二维码进行扫描，使其成为浅海鱼食府的潜在客户。针对大型客户群，浅海鱼食府更是推出了“扫十个送神秘礼品”的活动，从而大大地提高了其公众账号的粉丝量。同时，活动宣传单印有专属的 50 元、100 元的代金券等优惠政策，吸引客户进行消费，从而带动了店内流量，提高了营业额。

活动效果数据统计表明，通过活动宣传单直接关注浅海鱼食府公众平台的客户数量相对较少，但比之前原有的纯派单方式提高了 23.03% 的关注率；而通过活动宣传单进店消费的顾客对浅海鱼食府公众平台的关注率达到了 68.5%。

图 8－8

图 8－9

②户外广告投放（户外、电梯广告/二维码等）。

浅海鱼食府地处广州赛马场内，以赛马场和赛马场周边的顾客居多，所以浅海鱼食府在珠江新城各大写字楼、商居楼、小区等地方进行了电梯广告投放，扩大了影响力。在利用海报宣传的同时，结合二维码进行营销，通过“扫一扫就有奖”的方式，抓住客户的好奇心理，吸引客户关注，直接提升了浅海鱼食府粉丝量，现每天约有100～200个粉丝增加量。

图8－10

5. 2013年第一季度线上活动策划

①线上炒作。

通过论坛、博客、微博对浅海鱼食府同时进行轰炸式炒作，让其成为焦点，调动客户好奇心理，引起客户对浅海鱼食府进行搜索，提高其搜索量，并同时引导客流关注其微信公众平台。浅海鱼食府曾在微博上发布的《3天，粉丝上万—浅海鱼微信营销》的营销文章，得到了325位粉丝的转发及评论，成为当时的热点，从而引爆了粉丝关注量，为浅海鱼食府提高了知名度。

②电子代金券。

在前期铺垫之后，浅海鱼食府投下了“重磅炸弹”，通过“指尖轻点，立享关注”的网络活动，主推出二维码，充分调动客户兴趣。活动期间，客户只要扫描二维码、关注浅海鱼食府，便可获得 50 元、100 元餐代金券，让客户在享受美食的同时更享优惠。

图 8－11

图 8－12

图 8－13

③线上抽奖活动。

浅海鱼食府通过线上线下相结合的方式，举办定期的抽奖活动，增强粉丝互动性。浅海鱼食府每个月定期在食府现场举办大转盘抽奖活动，所有想获得抽奖资格的客户都必须关注浅海鱼食府微信公众平台，浅海鱼食府再在微网站上进行大转盘抽奖。通过大转盘抽奖活动，不仅增加了浅海鱼食府现场消费的娱乐性和趣味性，还大大增加了公众平台的粉丝量。

图 8－14

④美食网站合作（大众点评网等）。

在大众点评网添加商户、推出团购，利用大众点评网扩大名气，将大众点评网的流量导入店内，引导消费。在所有团购网站上，只要有浅海鱼食府出现的地方，必将伴随着其二维码图形的出现，不断地进行二维码隐性刺激营销，直接将流量从网站引入，为增加粉丝提供了另外一条网络渠道。

图 8－15

⑤互推扩群。

微信互推是扩大粉丝的另一种方式，不管是上万粉丝还是上千粉丝的微信账号，都可以以一牵百，迅速增加粉丝数量。

⑥店内引流。

浅海鱼食府在大厅和包房都设有台牌，并在浅海鱼食府进门处、收银台处都放置了 X 展架及台牌，每个台牌都有浅海鱼食府公众平台的二维码。通过这些展架及台牌，使得客户在进店准备消费时不由自主地拿出手机进行二维码扫描，而作为回馈，浅海鱼食府也推出了“扫描并关注浅海鱼食府即免茶位费，送点心、送小吃”等活动，拉近了与客户之间的距离，提高了准客户关注度。

图 8－16

⑦通过微博小号对接。

在浅海鱼食府官方微博里定期发布微信营销的相关活动，把关注人流量从微博引入微信。在其微博上，更多的是时事热点，而在小号上，更多是转发官方微博，以制造出“蝴蝶效应”扩大影响力。同时，在微博上发起“转发有奖”活动，大大增加了微博及微信的粉丝量。

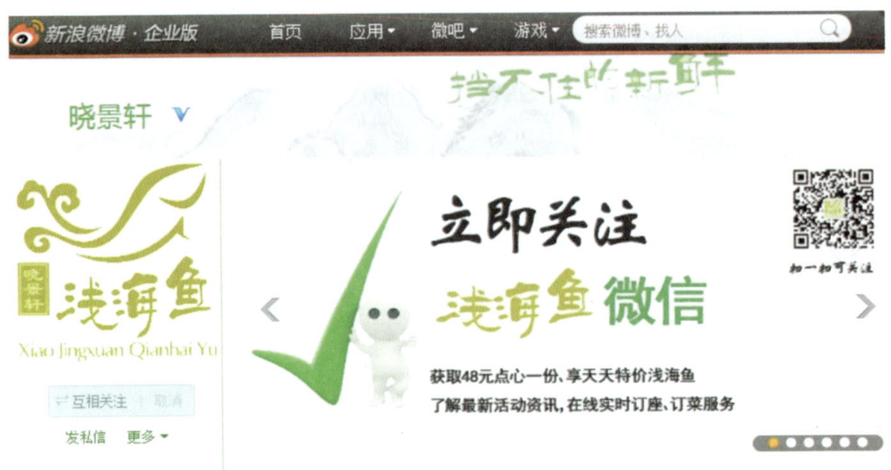

图 8－17

⑧通过微信大小号对接、“附近的人”、“打招呼”、“朋友圈”等吸引关注。

线下业务员分别开通小号，散布到广州赛马场附近及各大写字楼进行定点“扫楼”，通过寻找“附近的人”添加好友，不断增加小号粉丝量，并开展网络情感交流及现场互动，拉近了相互间的距离，再通过“朋友圈”定期分享浅海鱼食府的相关推荐链接，吸引粉丝进行关注。

图 8－18　　图 8－19　　图 8－20

图 8－21　　图 8－22

浅海鱼食府的推广人员注册了若干个微信账号，通过搜索附近的人，跟附近的人聊天、打招呼、朋友圈分享等方式，吸引一批忠实的粉丝，然后通过心情分享（浅海鱼食府消费心情分享等）、随手拍（浅海鱼食府活动随手拍照）等方式，把客户引入浅海鱼食府公众平台（账号：xjx1688com）。通过这种方式引流，能达到30%以上的关注率。

图 8－23

⑨微信用户关键字搜索添加关注。

登陆微信，在微信的“朋友们”→“添加朋友”中，用户可以查找公众账号，添加“浅海鱼食府”为好友，即可展开一场内容丰富的互动对话。

图 8－24

图 8－25

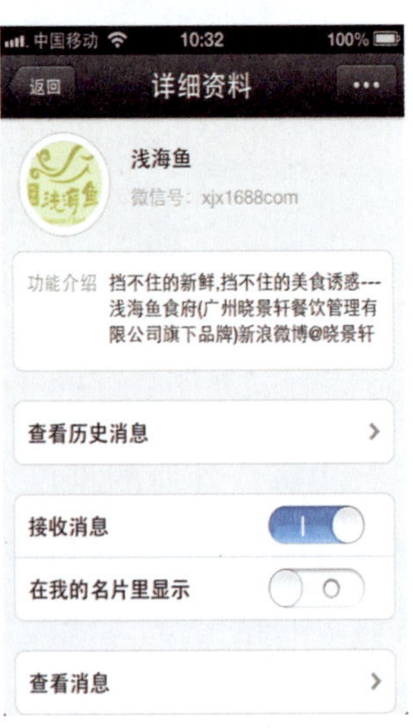

图 8－26

6. 通过各种途径对外引流，吸引了大量用户关注

通过站内站外、线上线下相结合的方式，浅海鱼食府微信公众平台在短期内关注量暴增，以下是开展微信营销前后的效果对比：

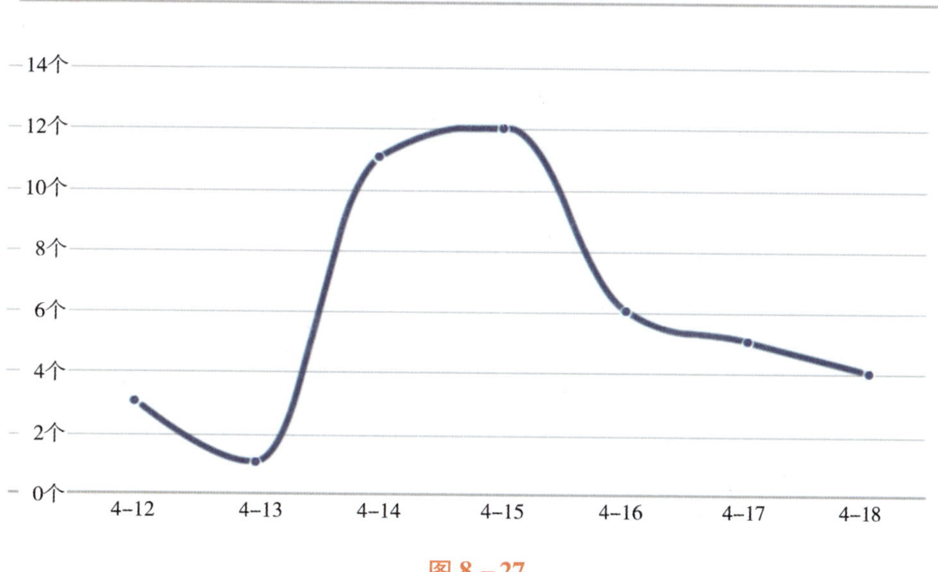

图 8－27

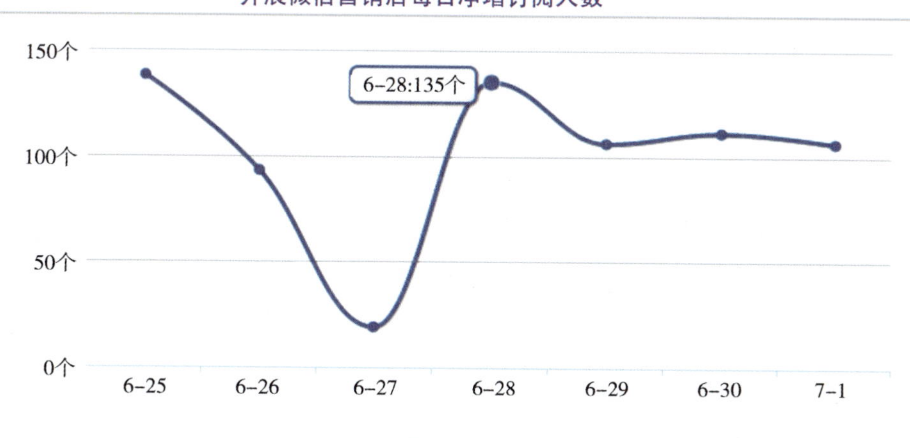

图 8－28

以下是浅海鱼食府2013年7月份的微信营销数据统计：

图8－29

在微信营销中，引流只是第一步。有效的引流还需要专业的维护，才能让粉丝成为我们的精准客户。当然，粉丝量不是衡量一个微信成功的标准，但是没有一定的粉丝数量作为支撑也是不行的。经过前期各种途径的积累，浅海鱼食府的粉丝数量近万，这时候还单纯地依靠消息推送来留住粉丝是远远不够的。

7. 用户分组和地域控制，保障客户的互动性和活跃性

①微信公众平台消息推送。

微信公众平台维护客户最常用的方法就是消息推送。不过现在粉丝不会接收到微信推送的消息，需要粉丝提取，而且微信消息推送现阶段每天只能推送一条信息，后期会减少到每个月一条，所以单单靠微信公众平台消息推送是远远不够的。

图 8－30　　图 8－31　　图 8－32

②电子会员卡。

电子会员卡又称为手机会员卡，即把会员卡相关信息通过短信或彩信的方式，发送到会员手机里，会员持手机就能到指定地点进行消费，商家工作人员通过浅海鱼食府微信公众平台后台系统进行会员身份的验证后，该会员即可享受相关优惠服务。

图 8－33

③互动。

浅海鱼食府微信公众账号与粉丝进行互动，群发文字、图片、语音及视频等信息内容，再进行一对一的深入沟通，解答粉丝的问题，主动促销，分析其反馈意见。用微信公众账号与粉丝互动，可以很好地留住粉丝，从而促使粉丝转化为客户。

④增加客户满意度。

从心理学的角度来说，每个人都渴望被关注、被重视，主动评论别人的微信会增加别人对你的好感，尤其是微信公众平台的评论，会令粉丝多少有些受宠若惊的感觉。经过多次互动，逐渐建立起更深一层的关系，这时候粉丝很可能就会主动转化为客户，浅海鱼食府便达到了营销目的。

⑤APP 手机应用。

APP 随着智能手机的普及，犹如雨后春笋般成长。一个实用的 APP 应用，能在很大程度上把粉丝转化为客户。在浅海鱼食府的微信公众平台上，不仅能够了解浅海鱼食府的企业文化，还能够实现在线订餐、在线定位、电子会员管理等有别于传统餐饮的服务体验，赢得了广大消费者的信赖与拥护。

图 8－34　　图 8－35　　图 8－36

微网站可以展现在关注后的自动回复里，也可以设置在关键词自动应答回复里，还可以展现在每天推送给关注用户的信息里，让用户随时都能浏览微网站，了解更多的信息。

⑥更好地为客户解决问题。

充分发挥微信公众平台在线客服的作用，提高客户体验，了解客户需求，解决客户问题，获取客户满意，引导客户消费。浅海鱼食府将收集到的客户信息进行细分和统计，然后设置相应的关键词，就可以自动答复消费者常问的问题。据统计，浅海鱼食府通过设置关键词个性客服功能，可以满足60%～70%的客户的需求，这样就方便了与客户之间的互动交流，合理分配资源的同时提升了客服效率，实现低成本、高效率的系统一体化客服管理。浅海鱼食府提供了每日对新老客户的维护，新增每周三为浅海鱼食府会员反馈日，定期发送节假日祝福，微信线上点餐订房，会员享受节假日优惠折扣等一系列人性化在线客服，十分贴心。

图 8－37

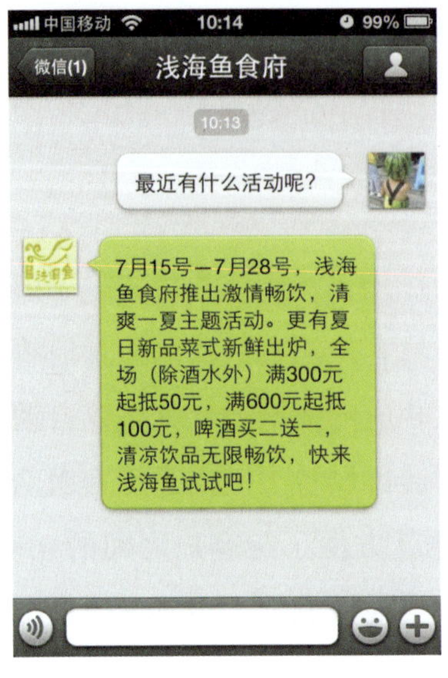

图 8－38

图 8－39

如今，浅海鱼食府的客户已无需到店里点菜，只需打开微信，就可以直接浏览微网站上所有的菜式，进行在线点菜，直接下单，到浅海鱼食府后只需确认订单便可就餐。这种方式一方面节约了客人以往就餐的等待时间，另一方面也给浅海鱼食府提供了足够的时间准备菜品，两全其美。

浅海鱼食府通过线上线下活动的不断分流与增流，新增消费额也随之提升。据统计，在三个月的活动中，光“免茶位费”就吸引了近万名客户的加入，为浅海鱼食府取得了客户的一手资料。

目前，凭微信电子消费券消费的比例占浅海鱼食府总销售额的74.3%。抵用代金券，按理毛利润是相应降低的，但最后结算却超出预期效果，毛利润反而比之前提高了10.6%，这也恰恰反映出在合理的成本控制范围内，利润并不会随着促销活动而降低。

另外，浅海鱼食府实行的微信营销中还引入了代驾服务，通过搜索“附近的人”寻找代驾，摆脱了传统代驾公司服务费用高及客户等待时间长的麻烦，为客户提供既快速又实惠的服务，牢牢地抓住客户需求，达到效益最大化，轻松实现多赢、多盈。

（四）浅海鱼食府特色经营之主题活动

为了强化浅海鱼食府自身在市场中的竞争力，满足消费者个性需求，追求利益最大化，浅海鱼食府通过每月一次且内容多元化的主题活动来提升企业品牌的综合竞争力，以线上、线下相结合的形式，在广州赛马场食街几十家餐饮单位当中独树一帜。

现就浅海鱼食府主题活动之“端午品鲜会”的操作流程作简单说明：

1. 活动目的

迎合中华传统节日，通过活动带动食府整体营业额，增加浅海鱼食府客户活跃度，拉近顾客与食府的距离；用品鲜鉴赏的方式，增强浅海鱼食府的美誉度，同时通过节日活动增强影响力，扩大浅海鱼食府在广州市餐饮市场占有率。

2. 活动主题

端午佳节、品“浅海鱼”

3. 活动时间

6 月 9 日 –6 月 19 日

4. 活动地点

“浅海鱼”食府

时间	主题活动	活动内容
5 月份	首届鲜文化节	
6 月份	端午品鲜会	
7 月份	激情畅饮、清爽一夏	
8 月份	品香醇红酒、享欢乐暑价	

5. 活动内容

（1）凡来店就餐的顾客每桌赠“浅海鱼食府”端午粽子一盘（每人限一个）。

（2）结账时每位顾客赠送“五色绳”小挂件一个（附五色绳与端午节说明）。

（3）品鲜会流程：

①制定品鲜会专门菜品，如潮式腌龙虾仔、潮汕第一鲜、功夫东升斑、秘制马鲛鱼等八大特色菜。

②制作品鲜会专门菜单与客户品鉴表（呈上评价表，由客人填写意见）。

③上菜时作菜品介绍（讲解菜品的做法、营养、功效等），如：“潮州本土特色菜，经多种酱料腌制而成，肉质松软，易消化，味道浓郁，口感极佳。”

④客人品鉴并签名、抽奖（撕下品鉴表的姓名、电话部分投入抽奖箱）。

6. 活动推广方式

（1）端午品鲜会宣传资料设计印刷。

（2）客户短信群发。

（3）户外广告投放，如周边写字楼、小区电梯、灯箱，围墙等。

（4）浅海鱼食府微信公众账号推送、二维码扫描关注、抽奖、论坛炒作等。

7. 店内布置

（1）门口气垫式瑞兽。

（2）大型 KT 版广告牌："浅海鱼食府" 端午品鲜会。

（3）门头大型横幅：端午佳节，品"浅海鱼"。

（4）店内悬挂品鲜会特色菜（广告画）。

（5）大堂古筝演奏（活动期间晚上 18 点至 20 点）。

（6）会员制度广告牌宣传。

浅海鱼食府活动现场剪影：

图 8 – 40

8. 效果评估

通过近 10 天的品鲜会活动，以微信二维码扫描关注等方式为浅海鱼食府增加了近 2000 名微信粉丝，直接为浅海鱼食府每天多带来一百余名的消费人次，总体业绩提升了 40% 以上。

（五）浅海鱼食府微信营销的小结

从开始的因傻瓜式执行、粗糙式经营导致每月入不敷出，到引入微信营销半年后的高盈利，浅海鱼食府无疑给所有餐饮行业开了个好头，其微信营销之道更告诉了所有餐饮行业：巧用微信可以轻易地实现高盈利！

浅海鱼食府结合移动互联网媒体的有利条件，依靠微信营销手段的完美实施，不仅将原有老客户牢牢抓住，而且吸引了大量潜在客户的关注，让游离于各类美食餐厅的食客更加坚定地选择它。微信营销起到了事半功倍的效果：活跃的目标人群成为粉丝，让浅海鱼食府的微信公众平台持续释放巨大魅力。

值得关注的是，浅海鱼食府的投资者总结了浅海鱼食府微信营销的成功经验，在日趋成熟的微信营销基础上推出了“e 步厨”商业餐饮试运营，主要用于满足企业白领的订餐、家庭用餐、机构团餐之需，以流动餐车方式覆盖珠江新城 CBD 商务区。“e 步厨”自推出至今不到两个月的时间，已实现每日中餐固定订餐需求量在 300～500 份，且呈不断增长趋势。

通过浅海鱼食府及“e 步厨”商业餐饮的短期试验可以看出，微信营销是现阶段品牌传播、市场推广、客户管理的一种高效手段。在移动互联网高速扩张发展的大趋势下，微信营销将是企业可持续发展的重要营销模式。

鸣　谢

微信的问世改变了我们的生活，而微信营销模式的诞生开辟了一个市场营销新时代。当前，关于这一创新营销模式的书籍大多偏重于理论，应用方面却很少。为满足广大读者的需求，我们出版了《微信营销实战宝典》一书。在撰写过程中，我们得到了中国市场营销管理研究中心副主任、华南理工大学创业教育学院副院长刘志超，广东省社会科学院决策所所长、广东省企业竞争力评价中心主任、研究员林平凡，广东营销学会会长、易博士集团总裁杨洪，广东决策研究院研究员、广东作家协会会员周兆晴，前海尔集团笔记本事业部总经理李皓若，中国人民健康保险公司处长周全胜，广东经济出版社资深编辑赵世平，广州牛力文化传播有限公司董事长黄旭平，广东名牌培育专业委员会及社会有关人士的热情指导和帮助，获得了很多宝贵意见和资料。

在此，我们谨向参与本书编写和出版的专家教授、企业家及有关人士表示敬意并致以衷心的感谢！

编者

2013 年 8 月